きゃびん夜話 30選

田辺英蔵 著

装画　高橋唯美
装丁　木村修

きゃびん夜話 30選

食前酒《アペリティフ》――序の序《ぜんざ》

田久保雅己

本書を購入した読者の皆様に田辺英蔵さんが書いた「きゃびん夜話」について、とやかく説明する必要はない。それは購入した時点でほとんどの方はすでに田辺さんのファンであり、これまでもエッセイ集が出版されるとすぐに手に入れた方々であることは想像に難くないからである。初めての方には本書の最後に参考になればと解説を記してあるので、ここでは何故、どのような基準で私がこの30作品を選んだかを説明させていただくことにする。

ご存じのとおり、「きゃびん夜話」はヨット、モーターボートの専門誌「KAZI（舵）」に長年連載されたエッセイのタイトルである。

私は学生時代からヨット、それもクルージングを主体とする外洋ヨットに乗っていたのだが、そのころから舵誌の読者であり「きゃびん夜話」のファンであった。趣味が高じて……というか説明すると長くなるので端折《はしょ》るが、大学卒業と同時に舵誌を発行する舵社に入社した。爾来、三十有余年にわたり出版業に手足頭を絡めてきたが、途中舵誌の編集長の大役を仰せつかった時期がある。

当然、田辺さんとはさまざまな場面で顔を合わせることになる。文章から想像する作家像という表現をすると、田辺英蔵さんの容姿は、まさしく「蒼竜窟の主人」といった風情がぴったりの御仁である。どのような人にでも会うときはしっかりとした握手と笑顔で接し、その会話は知性とユーモアにあふれ、文化的香りがする。

しかしながらいつでも無駄な笑顔をふるまっているわけではない。真面目な議論におよぶとその柔和な瞳の奥は輝き、目を合わす者をドキリとさせるときもある。

いつも感心させられるのは、必ず小さなメモ帳を持っておられて新しい言葉や情報はすぐに書きとめられている点だ。

田辺さんが1963年に建造した外洋ヨット《蒼竜《そうりゅう》》は、日本初のダイビング用の母船として進水した。ヨットとの蜜月はそのときから始まるのだが、やがて田辺さんはヨットという乗り物そのものの魅力に惹かれていく。

本物の海は厳しさと優しさをもって田辺さんを鍛え、ヨット乗りの気概、魂、スピリットを田辺さんの身体と心に刻み込ませた。そして田辺さんは、体躯も含めた文化的海の紳士の域に到達したのである。

陽に焼けた肌に白髪まじりの髭をたくわえ、タキシードに身を包み、姿勢正しく片手にグラスを持ちながら、パーティー会場で海の仲間と談笑する姿にはいつもながら惚れ惚れする。

というわけで私は個人的に田辺さんを一人のヨットマン、そして国際感覚を併せもった紳士として尊敬し、言うまでもなく仕事上はその博学で魅力的な文章を敬愛する者の一人である。このように「きゃびん夜話」と田辺さんに関しては、公私ともに近しい関係にあるゆえに、どれをとっても魅力的で膨大な量のエッセイの中から30話を選ぶという、無謀ともいうべき選者の大役を引き受けることとなった。

さて、選ぶ基準はいかに!?

私は悩んだ。悩んだあげく、まず的を絞った。舵社で発行された海洋文庫の「きゃびん夜話」全五巻を中心に30作を選ぶことにした。そして読み進むうちに、さまざまなカテゴリーに分けられることができないかと思うようになった。

それは例えば①ヨットそのものの素敵さを表現しているもの　②ヨットで走る海の厳しさ、美しさを表現しているもの　③ヨット先進国と日本におけるヨットの置かれている立場の違い　④ヨットに乗る人物の魅力と社会的地位　⑤ヨットの上で飲む酒のうまさとこだわり　⑥ヨットと女性　⑦ヨットに対する行政の理解のなさに対する嘆き……と、分類しているうちに当たり前の話だが30作品という数ではとても足りないことに気づいたのであった。で、最終的にはどうなったかというと、何度読んでも面白い。何度読んでもその表現力に感銘する。何度読んでも、そうだそうだと共感できる……を原則とした。

田辺先生曰く

「老生は決してホラは吹かぬが、エッセイ乃至旅行記というものは若干の誇張と粉飾が無ければ楽しくないのは女性と同じであって、ハイヒールと髪の毛は女性にとっては背の高さのうちであり化粧した時が女性の〝本当の〟顔なのだと同じく、独断と偏見と若干の誇張――つまりはホラ――の無いエッセイは面白くない。セルバンテスの言う如く、『事実は真実の最悪の敵』である。モームは『小説の第一の要件は面白いことだ』と喝破した。だが一体、小説とエッセイとの何処に線が引けるというのか。もし読者が、本書のある一話に、ウム成程と頷かれ、或いは呵々大笑して下さるならば、老生はそれ以上に何ら望むところはない」

ということで、私の〝独断と偏見と若干の誇張〟をお許し願えたら幸いである。

それでは前置きはこのぐらいにして、田辺節《ぶし》を味わうための前菜《オードブル》ともいえる序文から召し上がっていただくことにしよう。

目次

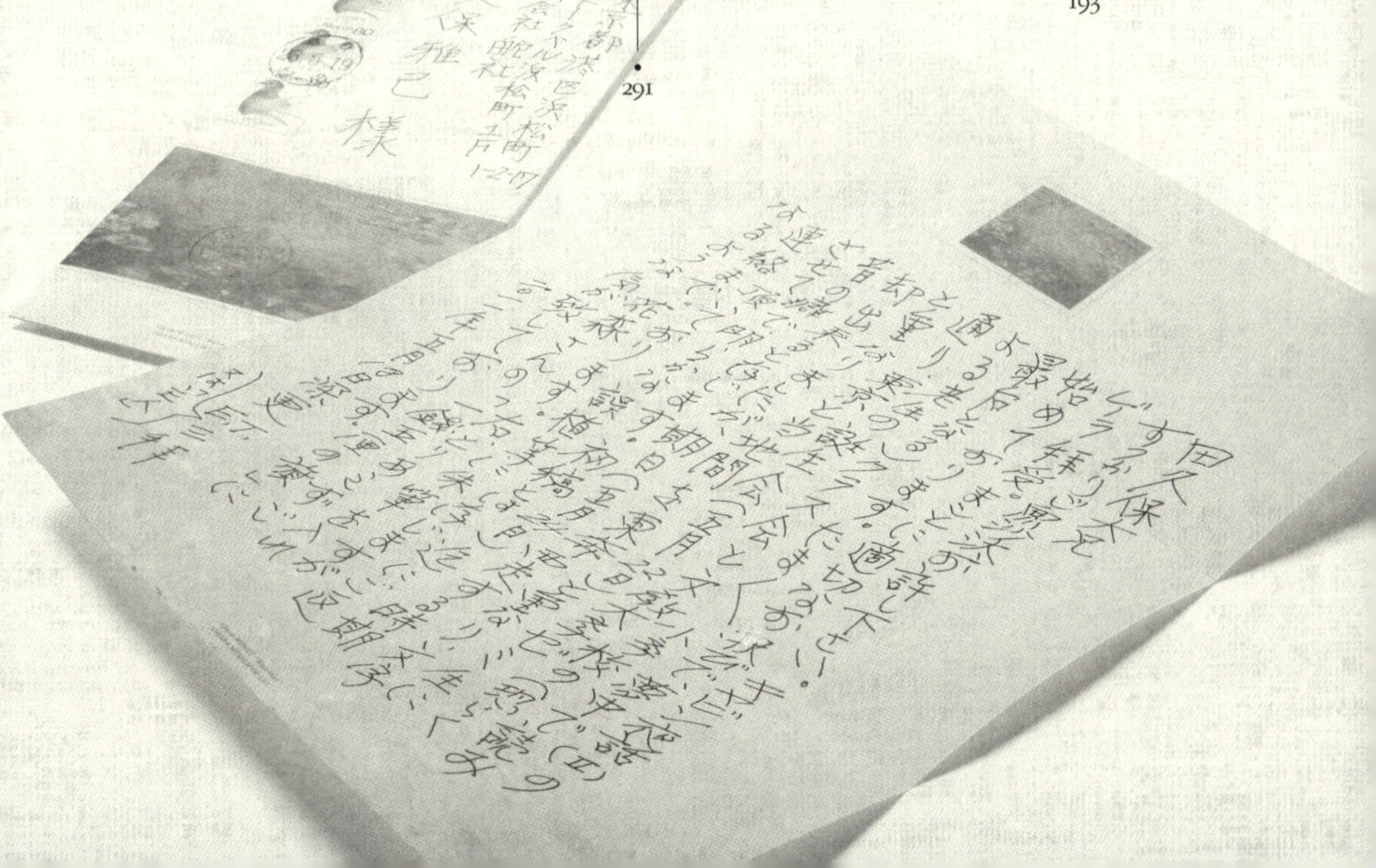

日本人は海洋民族か
——序にかえて——

ひとつの妖怪がヨーロッパを徘徊《はいかい》している——
共産主義という妖怪が。マルクス／エンゲルス。

ひとつの迷信が、日本列島に蟠踞《ばんきょ》している——日本人は海洋民族である、という迷信が。

ユニークな喫茶店チェーン「ポエム」の創設者、「山内一豊の妻」の後裔《こうえい》と信じられる畏友山内豊之氏と対談していたところ、氏はビックリした声でこう言った。

「日本人が海洋民族ではないって？ これは驚いた。だって田辺さん、私達は子供の時から、〽われは海の子……という歌を歌って育ったんですよ」

氏は私より大分若いのだから、この歌で育ったジェネレーションとしては、随分早熟《おませ》であったと思われる。

戦前の文部省唱歌「われは海の子」の歌詞は、海辺に育った少年の心を謳いあげて心に滲みる。四周茫漠《ぼうばく》たる洋上を帆走しつつ、深い青緑色に閉ざされた薄暗い海底の世界を遊泳しつつ、私は幾度か、

……遊びなれたる庭広し……

の歌詞を心の中で呟《つぶや》いたものだった。

にもかかわらず、われわれヨット乗りの心の中に常にわだかまる想いは、

（日本人は本当に海洋民族なのか……？）

という苦《にが》い疑問である。

日本民族は、本当に海を愛し、水平線の彼方に夢と憧憬を描き、海と船について周到に学び、準備し、自らを鍛えて海に出て行ったことがあるのだろうか。

海運。海軍。水産。

かつて七洋に覇を唱えた日本人の海洋活動は、本当に日本人が海洋民族であることの証左なのだろうか。

答は否《ノー》だ。

これ等の海洋活動は、すべて、生活のため、生存のため、しなければならぬ仕事であり、有能勤勉な日本人が見事にこれ等の苦役をこなしたに過ぎず、日本人の海への愛着を少しも証明しはしない。

世界中の先進文明国の津々浦々にヨットのマストが林立している現代に於て、ヨットの泊地の取得と造成に対して、日本ほど抵抗の多い国はない。

世界中のどこの国にも例のないヨットの操縦免許制という珍法規を突如法制化し、免許証を持

たぬヨット乗りを巡視艇が追い廻すなどという国は、日本以外にはどこにもいない。

海洋民族が聞いてあきれる。

日本人の——少くとも日本政府《ヤクニン》の——海洋に対する姿勢は、徳川幕府の鎖国時代から本質的に少しも進んでいないという事実を、ベテランのヨット乗り達は骨身にこたえて知っている。

再び問う、日本人は、本当に海洋民族なのか？

本書は、この問に対する、まぎれもない一つの解答である。

否、単なる「解答」であっては困るのだ。

この問に対する答に、日本民族の将来が懸かっている。その答が否定《ノー》ならば、日本民族に未来はない。

海洋民族とは、ヨットに乗る民族のことではない。

心を開き、広い世界に出て行き、人々と触れ合い、学び、理解し合い、助け合う、そのような精神に支えられた民族のことである。極東の孤島に住む日本人が海洋精神に眼覚めねば、世界は日本を抹殺するだろう。日本人は海洋民族か？では済まされない。日本人は海洋民族たらねばならない。

本書の行間から、日本民族が真の海洋民族たり得るために、人々が、世論《シンブン》が、行政《ヤクニン》が、何をなさねばならぬかを読みとって頂くことこそ、筆者の真の願いである。

第一話　海人間《シーマン》の条件

これから書くことは——就職の季節を前にして——若きヨット乗りの皆さんにとって、重大な影響があるかも知れない。以下書きしるすような事実を知れば、事なかれ主義の大会社の重役や人事担当者は、今後一切、ヨット歴のある若者を採用しない、と心に決めるかも知れない。もっとも、幸いなことに、日本の大会社の重役共は、「〇×ゴルフ」誌を読むことはあっても、決して『舵』は読むまい。一方において、某優良会社の識見ある人事部長は、本文を一読してハタとひざを打ち、これこそ俺が求めいていた真の男だ、として諸君を採用する、ということだって皆無《ない》とはいえない。

昔から、一人前のヨット乗りになるためには、三つの関門をくぐり抜けねばならぬ、といわれて来た。

その第一は、大学のヨット部である。カッコ好さと、いささかのロマンチズムに惹かれて入部した新入生は、先輩のしごきの無茶苦茶さに呆《あき》れかえり、ヨットというスポーツの意外のしんどさとつまらなさ——肉体労働の苛酷さ、船酔いの不快さ、作業の単調さ、暑さに寒さ etc、etc に甘い夢も何も吹っ飛んでしまい、おおむね一夏《ひとなつ》でその大半が消えてなくなるのが普通とされて来た。

《蒼竜》の初代の水夫長《ボースン》で東海大学のヨット部の創設者の一人、後に米国に帰化してベトナムで砲火をくぐり、現在は快傑ハワード・ヒューズの下で、何やらマカフシギなエレクトロニクスの研究に従事している向坂駿治君が、かつて私にプレゼントしてくれた数葉の写真がある。甲板のない旧海軍のカッターに、如何にも重そうな、つぎだらけの帆が張られ、ヨレヨレの船長帽を頭にのせた半裸の船長《スキッパー》――向坂クン――が、かつての帆船のドレイを想わせるような真黒《まっくろ》けの手下共を指図している。背景は、(驚くなかれ!)式根島は泊港《とまりこう》眼鏡岩である。私も式根へは何回となく行ったが、誰に頼まれても、あのカッターで行く気はない、先輩のしごきが辛いどころではない。よくまあ、生きて帰って来れたものである。

ヨット乗りの第一の関門は大学のヨット部、というのは譬喩《ひゆ》であって、要するに、第一の関門は「ヨット」というスポーツそのものというべきであろう。世の中に、このぐらい〝見るとするとは大ちがい〟のものはなく、推計によれば、ヨット志望の若者の90%以上が、極く初期の段階でふるい落とされる。ヨット乗りの幼児死亡率《インファント・モタリティ》はきわめて高いのである。

しかしながら、学園という恵まれた環境の中で、少々イキがった先輩にしごかれるぐらいのことは、実は全く《温室の中の嵐》であったということが、骨身にしみて判る日が、やがてやってくる。これがヨット乗りにとっての第二の関門――就職である。

会社に入り、上司同僚から、お前の趣味は何だ、と尋ねられ、「ヨット……」と答えた時の、周囲の視線のあの冷たさはどうだろう!

酒、バクチ、マージャン、ゴルフ、女遊び、何でもいい、こういう類《たぐい》のことにうつつを抜かしていさえすれば、日本の社会での人間関係は、高気圧におおわれた海上の如く(こういう譬喩《ひゆ》がまたイケナイ)平穏無事である。だが、少しでも他人《ひと》と変ったことをするとなると……なかでも、最悪なのが――ヨットである。

上司の前に行って、先輩同僚の聞き耳を立てるなかで、

「八丈レースがありますので、来週3日ほど休ませていただきます」

そうハッキリと言い切れぬ人間は、ヨット乗りになる資格はないッ。

休暇明けに遅刻。頭をかいてニヤニヤしながら、

「宿酔《ふつかよい》で……」

とか、

「先輩とマージャンで徹夜になりまして……」

とかボソボソ言訳するのと、赤銅色のほほに厳しさを刻みながら、

「仲間の艇が沈みましたので、死体の捜索に手間どりまして……」

と申告するのとでは、どちらが周囲のウケがいいか。健全《すこやか》なる精神《こころ》を持たれる人々に誤解のないようにハッキリ言おう。後者《あと》の方が格段に悪い!それがカイシャというものである。如《し》かず、

「叔母が交通事故で死にまして……」

ぐらいに言っておくことだナ、ヨット（と会社）を続けたかったら……。
かくて、オフィスでの〝海の男〟は、同僚上司と共通の話題もなく、友人もなく、針のような周囲の嫉視反感冷笑の視線に耐えて孤独に生きねばならぬ。まあ、時には好いこともなくはない。事務所切っての才媛が（私の経験では）敢然としてキミに好意を示すかも知れぬ。ご推察の通り、これがまたいけないノダ！

かくて、あれほど海に憧れ、海を愛した学生諸君の中で、就職後もなおセールバッグを肩にハーバーに現われる者の数は、寥々《りょう》として暁の星の数よりも少ないのである。多分、この段階で、残りの８割が脱落するものと見られている。

この高率なヨット乗りの死亡率に、最後の一撃を加えるのが、第三にして最悪の関門――結婚である。

噫《ああ》！　神は何故《なにゆえ》にわれら心猛《たけ》く心優しき海の男達に、かくも苛酷なる試練《こころみ》を課し給うのか。

若き海の男児《おのご》らは、夜毎のキャビンでの語らいに、昂然として繰返したのではなかったか。「俺はナ、フィアンセができたら言ってやるのだ。『俺と結婚したければ条件が一つある。俺は休みの日には必ずヨットに乗りに行く。もしそれが嫌なら俺と結婚するナ』とな」

悲しいかな、神は女性を蛇の如くに敏《さと》く、男性を海鼠《なまこ》の如く、マンボウの如く、単純、純情にお造りになった。彼の見目麗《みめうるわ》しき許婚者《いいなずけ》は、眉ひとつ動かさず、ニッコリ笑って、こう答える。

「もちろん、いいわよ。あなたのよろこびが私のしあわせなんですもの！」（死刑ッ！）

男はほおをつねって、自分こそ、ヨットというものがこの世に現われて以来、最も幸福なヨット乗りにちがいないと確信する。

かくて黄道吉日、シャンパンは抜かれ、船長帽姿の人形の飾られたケーキは切られ、海の仲間の祝福《ボンボアージ》に囲まれて、２人の航路は永遠の凪《カーム》の如くに思われる。ごく少数の古狸のヨット乗りだけが、にぎわいを離れ、杯を手にして壁にもたれつつ、疑がわしげに、可恋なる花嫁の花の顔《かんばせ》の裏にかくされた本音を想像する。

（サア、これでもうこっちのものだわ。これから少しずつ手綱をしめてゆきましょう。なんてタンジュンな連中なのかしら、あのヨットの仲間っていう男達は……）。

せめて、〝少しずつ舫《もや》いをつめてゆきましょう〟くらいは言って欲しかったですなア、リク子さん！

密月は夢の間に過ぎ、いつしか花婿のハーバーへの足は間遠《まどお》くなる。

「すみませんがオーナー、暮から正月、船の方、休ませてくれませんか。実は、女房のクラスメートが赤倉にスキーロッジを持っているっていうんで……」。

もっと深刻なケースもある。彼の心が、ヨメハンの意図に反し、いつまでたってもヨットから放れぬ場合である。

「いやはや、泣く、わめくの大騒ぎでネ。とにかく、月に2回ということで話をつけました。すみません、オーナー」

「ムリするな、家庭が大事だ」

（心にもないことを……）２人同時に心の中でつぶやく。

時が流れて行く。５年経《た》ち10年が過ぎ去る。なんという長い《時》の試練であろうか。子供が生れ、学校に行くようになる。

「キミのところの長男は、もういくつ？」

「中学ですよ、下は小学校の３年に１年……」

「驚くねえ。カミサンは元気？」

「馬の如くにネ。もう何も言いません。あきらめてますよ。10年間、完全なヨットウイドウですからねえ」

「どこもオンナジだなあ……」

屈託のない笑い声が夜更《よふけ》のキャビンに流れる。

これが〝人間の条件〟ならぬ、大メロドラマ〝海人間《シーマン》の条件〟の前編である。如何なる後編がこの後に続くのか、誰が知ろう。

先輩にしごかれて、陸揚げされた艇のかげで泣き、上司同僚の針の視線に耐え、愛する妻や子供達と休日の団欒を楽しむことも少なく、ただひたすらに——いい年をして——すり減ったジーパンをはき、セールバッグを肩に、四季を選ばず、ハーバーに姿を現わす、それは海に憑《つ》かれた男達のモノガタリである（音楽――幕）。

桶

「和船というのは桶《おけ》なんですよ、田辺さん」

と渡辺さんは言う。

「……オケ？」

「桶は乾くとはしゃぐでしょう」

はしゃぐ、という言葉を今の若い人も使うのだろうか。私は子供の頃のわが家の湯殿《ゆどの》（という言葉も、あの頃は日常使った。風呂のことである）にあった手桶を思い出した。ぷんと檜の香りのする木の肌、銅《あか》のタガで上下二か所を締めてある。陽当りの好い日、よく裏庭に並べて干してあった。だが、あんまり干しすぎると、木片の間にすき間が生じて水が洩る。度が過ぎればバラバラになってしまう。これをはしゃぐと言った。

「桶は乾くと水が洩る。使用する時は濡らすから、木がふくらんで洩らなくなる。古来の日本の木船の考え方がそうなんです。水に浮べて湿《しめ》らせることによって、木と木がぴったりと合わさって、水が入るのを防ぐ。水に漬けることによって水を防ぐ。如何にも日本的発想ですよねえ」

《蒼竜》の設計を渡辺修治さんにお願いした頃、よくお宅にうかがって、渡辺提督の造船談議に夜のふけるのを忘れた。これも、そんなある晩の話題。

「ところが外国人の考え方はまるでちがう。一口にいえば、〝絶対に水を入れない〟という姿勢だ。木と木はしっかりと接着し、ペンキを塗り、すみずみにコーキングをし、一滴たりとも木部に水の侵入を許さぬ、という構えだ。国民性の違いですねえ」

海水の中ではバクテリアは繁殖しない、という事実も、私は渡辺さんの口からはじめて聞いた。うかつにも私は、なんとなく、木を水に漬けておくと腐るように思っていたのだが――。

「バクテリアによって木が腐るのだから、塩水にいくら木を漬けていても腐ることはない。その点で真水は木船の敵です。船底に塩水が溜っているのならいい。もし雨水が溜っているとなると、問題だ」

そこでオーナーとしては、時々ビルジをなめてみる必要がでてくる。機帆両刀づかいのわが艇のビルジは、恥しながら、いつもドロリと油が浮いて汚ないが、オーナーとして、船の寿命と安全を考えれば、そんなことは言っていられない。指をつっ込んでナメてみて、塩からければ安心する。ちょっと困るのは、《蒼竜》のヘッドの床は格子で、たまたまこぼれた液体も、ビルジにまざる。これも塩からいけれど、これも無菌だから、要するに、塩からければ安心である。こういうビルジをなめるのが嫌な人は、ヨットのオーナーと医者にはなれない。

「だから、河船の方が腐りやすい。海に浮べて置くのが一番いいんです」

渡辺さんは満足そうにそう言って、杯を干した。

第二話　海の抒情

プロローグ

心衰えた時は海に行こう。心熾《さか》んな時も海に行こう。衰弱と燃焼とは別のものではない。倦怠と瞋恚《しんい》とは別のものではない。此の世は人を疲れさせる。……瞋恚は空しく燃え、憂愁は夕暮のように我々を涵《ひた》し、倦怠は海のように我々の中にひろがるのである。其のような時、逃れよう、逃れて海に行こう。……自ら心に恃《たの》むところのある者は山に行くがよい。山は彼等の思いを浄《きよ》め、其の暗く深い谷で彼等の孤独を養い、其の聳え立つきびしい高さで彼等の孤高を磨くであろう。

しかし、忘却と自由とを、解放と夢とを願う者は、海に行こう。海は縛られた心を解き放ち、紺青の波が無辺の遠くから運んでくる爽やかな大気で我々を満たし、岸々を洗う縁飾りのような其の白い波頭で感情と思考を洗うのである。

――矢内原伊作・海について――

高気圧の海

人々は、海が荒れる時は、雨もよいの暗雲が空に低く垂れこめている……と漠然と思っている。私も、子供の頃から、何となく、そう思っていた、青年となり、トロール船に乗組んで、東支那海で荒天《しけ》を経験するまでは――。

ある日、私達の船は、移動性高気圧にすっぽりと包まれた。

終日、烈風が洋上を吹き荒れ、波長の長い、山脈のようなうねりが絶え間なく押し寄せ、三百トン足らずの私達の船は、まるで小さな木片《ぎれ》のように、大波の頂上に押し上げられ、次の瞬間には、マストの先端《さき》まで隠れんばかりに、深く広いうねりの谷の中に落とし込まれた。水平線を画するうねりの頂上は、風に吹き散らされて白く泡立って舞い、リギンもアンテナも、ひょうひょうと叫び、私達の船は、ただひたすらに、艏《へさき》を風上に立てて、次々に壁のように迫ってくる大波を乗り越え続けるほかに、なす術もなかった。

しかし、天地創造の時を思わせるばかりに、凄まじく荒れ狂う大海原の上に、すき透る青さをたたえた大空がひらけ、陽は中天に輝き、白い団雲の群れが、水平線の果てから果てへと、静かに流れていた。

海の濃紺と、空の青と、その間に懸かる雲の白さと、それは光に満ちあふれた、輝くばかりの一幅《ぷく》の絵だった――今にも沈みそうな私達の船の惨憺たる状況を別にすれば……。

神は、人間の生存や生死には、何の関心もない、凪《なぎ》というのも、荒天というのも、人間が人間中心に考え出した観念であって、神は、そんな人間の思惑などに関係なく、思いのままに、神自身の絵を、大自然のカンバスの上に描いているのだ、とあの時くらい痛切に感じたことはなかった。

神は人間を《愛し》も、《憎み》もしないのだ、ということを、人間は――少なくとも、われわれ船乗りは――謙虚に認識すべきだろう。

雨

雨が、シトシト降っている。

甲板《デッキ》の上に、私達の着ている合羽《オイル・スキン》の上に、私のかぶっているヘルメットの上に。海面に細かい雨滴が、ときどき思い出したように息づきながら、絶え間なく降りそそいでいる。

凪である。

海面には、やっと気づくぐらいの微《かす》かなうねりがあるらしいが、ちょっと見ると、池の面《おもて》のようだ。その平坦《へいたん》な海面に、雨滴が無数の波紋をつくり、その波紋は、お互いに重なり合い、次の瞬間には、新しい波紋によって消されてゆく。その波紋の原野《げんや》の上を、私達の船は、もう何時間も、ただひたすらに本土をめざして走り続けている。

単調な、鈍重なディーゼル・エンジンの響き。

トランサムから白い排気が渦巻いて立ちのぼり、雨足の中に消える。黒々とした水面に、乳灰色の航跡《みお》がどんよりと曳《ひ》かれる。視界は狭い。四囲は漠として、雨足とも、靄《もや》ともつかぬ薄墨色の帳《とば》りに囲まれ、コックピットも、ベンチも、ドグ・ハウスも、びっしょりと濡れ、雨水に光る合羽に身を包んで、黙々と舵を握るクルーの手にも、雨滴が絶え間なく降り続ける。

こんな天気の日、船の上は、陸上と変らない。

海図机《チャート・テーブル》の上の鉛筆は転がらず、クルーは平気で、狭い舷《ふなべり》の縁《ふち》にコーヒー・カップを置く。この同じ船上で、固縛した器具が飛んで、人を傷つけ、ショック・ベルトを掛けたストーブが転倒し、囲いのある棚に収めた食器が床に散乱する……どうして、そんなことが起こり得るのだろうか。

……天地が、無為と倦怠の中に沈み込んでいるような、もの憂い雨の洋上では、クルー達もまた、束の間の無為と安息の中に浸《ひた》り込む。時々、コンパスを覗き、舵柄《ティラー》を少しばかり動かすほかに、何もせず、濡れそぼるコックピットの片隅に身を寄せて、黙って、何も見えぬ前方を凝視して動かない。

海鳥達でさえ、波の上に羽を休め、三々五々と、黒い染《し》みのように群らがって、靄《もや》の中から現われ、船が近づくと、迷惑そうに、少し移動し、すぐまた、雨足の中に消えて行く。

霧

霧は白い円形の壁のように、船の周囲に立ちこめている。

視界はせいぜい、百メートルくらいしかない。霧の下縁は、暗青色の海面にぴっちりと張りつめているけれど、上限は、多分、マストの先端《さき》より大して高くはないのではないか。その証拠に、船のまわりは、ただひたすらに明るいのだ。

頭上の薄い霧の層を透《とお》して、あきらかに、それと判る日輪が、まぶしいばかりに夏の陽光を降りそそいでいる。青空が、すぐ手の届くあたりにあるはずなのだが、しかし、われわれの視界の届く限りは、四囲も上空も、ただまっ白な半球型《ドーム》の密室だ。

スピードを最微速《デッド・スロー》に落とし、船首に見張りを立て、ひっきりなしに霧笛を吹かせる。

昔の豆腐屋のそれを思わせる真鍮《しんちゅう》の霧笛から、クルーの頬《ほお》のふくらみに合わせ、物悲しい音色《ねいろ》が、海面に拡がってゆく。そのクルーのまつ毛にも、まゆ毛にも、微細な霧滴が、まるで白髪《しらが》のように凝結し、彼らの顔を妙に老人臭く見せる。黒に近い紺色の海面が、百メートル足らずの幅のベルトのように、前方の霧の垂れ幕の下から現われ、船の下をゆっくりと通り抜け、たちまち、船尾の霧の壁の下縁に吸い込まれて行く。

突然、前方の霧の中に、灰色の影が現われる。

みるみる内に、それは、大きな貨物船の黒い舷側となって、われわれの進路に立ちはだかる。われわれの艇と、貨物船の赤い吃水線との間には、もう、霧はなく、紺色の海面でつながる。舵手《ヘルムスマン》が無言で、舵をいっぱいに切る。艇は、見上げるような貨物船の舷側の下で、大きく孤を描いて、数メートルの差で衝突を回避する。

ほとんど停止した貨物船の舷《ふなべり》から、数人の人影が、こちらを見おろしている。どちらの船からも、声を発する者はいない。やがて、貨物船は動き始め、たちまち、霧の中に姿を没する。

翌日の新聞で、私達は、相模湾をおおった季節外れの濃霧のため、大型船舶を含め、多数の船が接触事故を起こしたことを知る。

美しい朝

なんという美しい朝だろう！

ベタ凪《なぎ》の水面が、水平線上に浮ぶ大島まで続いているように見える。快い五月《さつき》の微風が、艉《とも》の国籍旗《エンサイン》をなぶっている。

雲一つない空の青さは、眼に痛いばかりだ。白く輝く舳《みよし》が、群青色の波を裂いて行く。乗員達《クルー》は、みな、コックピットのまわりに思い思いに座を占め、談笑している。当直《ワッチ》は、あってないようなものだ。船の位置を出す必要もない。針路を定めることさえ、おろそかにされる。目的地である大島が、はっきりと見えているのだから。

コーヒーが配られる。乾いた、揺れない甲板とは、何といいものだろう！ドグ・ハウスに背をもたせ、陽光のまぶしさに眼を細めながら、熱いコーヒーをすする。油凪《あぶらなぎ》の水面が、かすかに、ゆったりと上下する。船尾に曳かれた航跡《みお》が、コックピットの談笑を反映し、右へ左へと、ゆるやかに蛇行している。

行手の海面に、鮮やかな緋色《パーミリオン》の長い縞が、幾筋も現われる。

今年も、海に初夏が訪れたことを知らせる自然の便り――赤潮である。船の進路をさえぎるように長く続く赤い帯に乗り入れて行くと、その帯は、鋭い刃物を当てたように、きっかり、船の幅だけ切り取られ、そのあとに、真青な海面が残る。次々に現われる緋色の帯の中に、船の通過した跡を示す濃紺の道が描かれて行く。この赤潮は、多分、水の表面に浮ぶ、ごく薄い層なのだろう。

荒天《しけ》

うつらうつらと、キャンバス・ベッドの中で仮眠していた私は、不快な船酔いの気分で眼を覚ました。

眼を覚ましたのは、それだけの理由ではなかった。体がキャンバスのたるみの中で、右に左に転がる。天窓から射し込む陽の光が、船室の中を、あちらへ、こちらへと、揺れ動く。加えて、船体と波がぶつかる轟音と衝撃。仮眠している間に、全くの荒天《しけ》になったことがだんだんわかってくる。その集積が、この、みぞおちのあたりの、何とも言えず不愉快な気分の原因なのだ。

天井のハンドレールにつかまって、ベッドから這い降り、壁に体を支えて、やっとジーパンをはき、コックピットに顔を出すと、サッと冷いスプレーが頬を打つ。クルー達は、すでに、オイル・スキンの上にライフ・ジャケットを着け、こわばった表情で前方を凝視している。

帆はすでに、二段縮帆《ツーポイント・リーフ》されているのに、船体は、突風《ブロー》のたびに、甲板が直立した壁に感じられるばかりに過傾斜《オーバーヒール》を繰り返す。

周囲は、見わたす限り、白髪《しらがみ》立ったうねりの山脈だ。波頭の頂上から見おろす海面は、遙か下の方にある緑色の深い谷だ。その谷底へ、艇はドッとばかりに突っ込んで行く。

ガーンと無慈悲な衝撃。

厨房《ギャレイ》で食器のくずれる音。

たちまち、十年使い込んだジブが、フットの鳩目《クリングル》のところで引き裂かれ、風にあおられて、気狂いのように舞った。前甲板に走り、取り押えようとすれば、裂けた帆布は、鞭のように、板のように、顔を、手を、乱

打する。

「気をつけろッ！」

舵手の叫びと同時に、艄《バウ》は、再び、うねりの谷間へと突込んで行き、船首の張出し《バウ・スプリット》で帆と格闘していた私は、膝のあたりまで生温かい海水に漬かる。

ある夕暮れ

それは、信じられぬほど、濃く深い海の色だった。

インクのようにつややかな、濃いプルシアン・ブルー。夏だというのに、こんな綺麗な「海」があったのか。夕暮時、陽は富士の右肩のあたりに落ち、濃い青灰色の雲の壁が、相模湾の奥、江の島のあたりに立ちこめていた。

子供連は、いつかサイパンの海で見たスコール雲を連想して、口々に、そう叫んでいた。その雲の壁以外の空は、静かな、汚れひとつない、セルリアン・ブルーの蒼穹《そうきゅう》だった。

昼の月が、淡く白くかかっていた。

すでに帆を降ろした《蒼竜》は、エンジンの音をひそませ、紺色のガラスのような水面を切裂いて走り続けた。マストは、直立し、微動もしないように感じられた。夕陽が、船上の人々を、白塗りのドグ・ハウスを、たたんだ帆を、固定索《ステイ》を、帆綱《シート》を、船上のすべてのものを茜《あかね》色に染めていた。

私は、もう一度、水面に眼を落とした。

いくら見ていても見飽きない、眼が吸い込まれるような、濃く深い紺色だった。刻一刻と夕闇が深まり、海面はますます暗く、空だけが透き徹るように明るく、月は白く輝きを増し、船と人のみが、ひたすらに茜色に映えていた。

とても、現実とは思えぬ自然の舞台装置。

ふと、私の心の中を、永遠……という言葉が通り過ぎた。そうだ、いつまでも、いつまでも、この美しい海を走り続けていたい……。

私の心に囁《ささや》く声があった――十年、船に乗り続けながら、このような海を、私は、今まで見たことはなかったし、多分、これからも、この同じ海の色を見ることはあるまい。

海は常に《未知》だ。私は、海について、何を知っているというのだろうか？

エピローグ

……海は昨日も今日もまた明日も変わることなく、常に一つの歌を、即ち永劫回帰の歌を響かせている。海には過去も未来もない。……記憶も期待もない。……ただ、忘却があるばかりである。

……海は其の永劫の波のくりかえしによって、人間の営みのはかなさ、歴史そのものの虚しさを語り告げているのである。……この世で我々の心は自由でない。此の世は虚しく、しかも、如何ともしがたい頑なさは我々を瞋《いか》らせ、悲しませ、倦怠させ、忘却と逃亡とを思わせる。此の時、海は、其の爽やかな潮風と、輝く水沫と、紺青の波と、遙かな水平線とによって、我々を新しい彼岸へと、即ち美の世界へと誘《いざな》うのである。

——矢内原伊作・海について——

第三話　ヨット乗りの日曜日

――ヨットよ！　おまえはすばらしい――

朝

轟《ごう》……という風の音に眼を醒《さ》ます。時計を見る。七時だ。(起きなければ。そして、行かなければ……)。宿酔《ふつかよい》の頭が痛い。胃が重い。気が滅入る、だが、行かなくちゃ……。

「気をつけてね。行ってあげられなくて悪いわネ。パンを焼いて、コーヒーを煎れてあげるワ」

風邪気味で熱のある妻が、ガウンを羽織って階下に降りる。

ヨットとは何というスポーツなのか。

単身赴任先から、月に一回か二回、日曜日に自宅に帰ってくる亭主は、女房を家に置いて船に行く。

そして、女房は、不安定な不連続線に沿って、嫌な低気圧が次々に本土を通過して行く春先の今頃、一日中、一家の主人の生死を心配しながら家で帰りを待たねばならない。

セール・バッグを助手席に放り込んで家を出ると、まだ人通りもない花曇りの東京の街を、春の嵐が吹き抜けて行く。

浮桟橋《ポンツーン》で

十時過ぎ、シーボニアに着く。ところが、船は閉っていて乗員《クルー》の姿は見えない。

重ねて思う、ヨットとは何というスポーツだろう、と。自分の船が眼の前に浮かんでいても、手下《クルー》がいなければ動かすことができない。

甲板でウロウロしていると、

「田辺さーん」

声が掛かって近づく笑顔は、日本で数少ないヨット専門のカメラマン、岡本甫《はじめ》さん。私はすぐに尋ねた。

「港の口に舫っている、あのとてつもなくでかい船は何ですか？」

「《WINDWARD PASSAGE》ですよ。今朝入港したらしい。さっき税関の役人が来てましたよ」

「ウインドワード・パッセイジ？」

「ええ。チャイナシー・レース（香港――マニラ間六〇〇浬の外洋ヨット・レース）を済ませ、マニラから来たんでしょう。好い成績だったらしいですよ」

「フーム」

私はうなる。クジラのような幅広い船体。銀色のマストは、周囲の艇のそれを軽く一倍半は抜いている……。

「今日は仕事ですか?」

私の質問に答えて、岡本さんは、もっとビックリするようなニュースを教えてくれた。

「今日はね、《BIG APPLE》がこの辺を走っているというので、できたら沖で捉えて撮影しようと思いましてね」

そう言えば、すぐ側の浮桟橋《ポンツーン》に、見慣れた『舵』社のボートが、盛んにエンジンをふかしている。

私は耳を疑った。

「ビッグ・アプル!?　あのアドミラルズ・カッパーの?」

「そうですよ。日本人が買ったという話」

去年の夏、英国はカウズ島沖で行なわれたアドミラルズ・カップのレースで、世界の強豪を相手に善戦し、船尾《トランサム》に描かれた大きな赤いリンゴのシンボル・マークで有名になった《BIG APPLE》が日本に……?。改めて、《WINDWARD PASSAGE》の、とても香港から来たばかりとは思えぬ程きれいな、白い船体を眺める。不意に、世界がとても小さく縮小《シュリンク》したような、戦慄に似たものが体の中を走る。

クラブ・ハウスで

クラブ・ハウスの二階のソファに身を埋めて見降ろす海は、灰色の海面に白い波頭が現われては消える。

風のうなりに合わせて、かすかに床が揺れる。

時々、沖から帰ってくる白い帆影。大きく傾斜《ヒール》しながら近づき、湾口で面舵《おもかじ》をとって艏《バウ》を風に立てて帆をシバーさせると見る間に、黄、オレンジ、青、色とりどりのシースーツのクルーが敏捷に前甲板に走り、帆はスルスルと降ろされ、生簀《いけす》の手前で危うく回頭し、機走してくる。その側を、強まる烈風もものかわ、沖へ向かって出て行く一隻。甲板にうずくまるクルー達の眼も綾な色彩のシースーツが、かえって悽愴《せいそう》だ。

灰色の空、灰色の海、白く威嚇する波頭。そこには、快晴微風の日の、あの華やかなヨット遊びの雰囲気は微塵もない。風音はますます激しい。

「パパ！」

不意に両肩を後からトンと押された。

今年大学を出た娘が、グエン・カオ・キ将軍のようなヒゲを鼻下にたくわえた、背の高い青年と一緒に立っている。

「こちらは先輩の……さん、私の写真の先生。今日は城ケ島へ撮影に行ったんだけれど、この凪で逃げてきたの。パパ、お昼ごちそうして！」

何という、この小さな、小さな世界。

私は反射的に尋ねた。

「ヒデアキはどうしてるだろうナ」

「諸磯に引込んでいるんでしょう、この凪じゃ……」

息子は成蹊大のヨット部の《桃李》に乗って、すぐ隣りの諸磯にいるはずだった。

みんな大学生になって、休日と言えば糸の切れた凧みたいに、てんでに消えてなくなる、と妻がいつもこぼしていた、その子供達が、多分千メートルと離れぬこの一郭に、てんでに吹き寄せられている、このおかしな、おかしな世界。

「パパ、ガンツよ！」

食事を終えた頃、泊地《ボンド》に眼をやった娘が声を上げた。スキッパーの小川君――愛称、ガンツ――の姿が《蒼竜》の甲板に。

私はコーヒー・カップを置いた。

「さーてと、ミミ。ミミは江の島のジュニア・ヨッティング・スクールの卒業免状を持っていた筈だナ」

「パパ、パパ、まさか本気じゃないでしょうね」

「君と二人じゃ、ちょっと無理かと思っていたが、ヨット経験者が三人になったとすると……」

「タスケテクレ！　それはムリというモノダ。それに……さん、あなた、どうする!?」

ヨットもヨット・ハーバーも生まれて初めて、という長身の青年は、

「さあ、おまかせします、ミミさんさえよければ……」

「アナタ、ヨットを知らないからそんなノンキな……」

その時、私の目は港口に釘づけになった。一隻の精悍な大艇が入港して来る。紺色の舷側に描かれた赤いリンゴとBIG APPLEの白い文字！

「ビッグ・アプルだ。入って来る！」

ハーバー事務所のラウドスピーカーが呼び掛ける。

「ビッグ・アプル、ビッグ・アプル、三番目のバースに入って下さい！」

三番目のバースは《蒼竜》の隣りである。ウソではないか、夢ではないか、あのビッグ・アプルが……。

やがて、大きな赤いリンゴは、《蒼竜》のゴツイこげ茶色の艉《トランサム》の隣りにピタリと並んで収まった。

ガンツこと、小川艇長《スキッパー》が上ってくる。

ベテランのヨット乗りの彼は、もう感極《かんきわ》まっている。

「ウインドワード・パッセイジです、オーナー!!」

「判っている」

「あの船をこの眼で見られるなんて！　来てよかった、今日は……。昨夜、残業で遅くなって、今日はとてもダメか、と思ったんですが、オーナーが来られるかも知れないと思って……浦和から五時間掛かりました」

「そんな大変な船なんですか、あれは？」

とグエン・カオ・キ将軍。

「世界中のヨット・レースを荒し回っている名艇です。トランス・パック（太平洋横断レース、ロス―ハワイ間二千二百二十五浬）とか、チャイナ・シー・レースとか……。世界の名艇十指のうちに入るでしょうな」

と私。

「五指です、オーナー。早く行って見ましょう！」

W・P

近寄るにつれて、なるほどデカイ。

マニラから八日間（何と速い！）の航海の後だと言うのに、今、上架して降ろしたばかりのようにきれいな白塗りの船体には何の柄《がら》も描かれていず、艉《とも》にひるがえる星条旗だけが鮮やかだ。聳える二本のマストは百フィート。まわりの艇が子供のように見える。

「〃あなたの艇がどんなに大きくても……〃」

私がつぶやくと、

「〃もっと大きな艇が常にある〃……」

とガンツが引き取る。《蒼竜》の船楼《ドグ・ハウス》のサイドに書いてあるヨーゼフ・ヴエヒスバーグの言葉だ。

甲板上のキリストひげの青年と、ヨット乗り同士の気易《やす》さで、笑顔を交わし、すぐに話を始める。

彼が軽いオーストラリアなまりで語るところによると、「チャイナ・シー・レースに出てから、マニラを発って、八日で今朝着いた。日本近海では強風に遇い、波頭に乗って瞬間的に一八ノット近く出た。大変なスリルだった」と笑う。

これからの予定は？　と尋ねると、「私もそれが知りたい」と苦笑しながら、私の足許を指さした。浮桟橋の上に紙が張ってあり、日英両語で「税関手続が済むまで乗船できません」云々と書いてある。

「写真を撮るブンにゃ構わんだろう」

冗談を言いながら、みんなで代り番こに、この巨大な（七十三フィート）艇体をバックに記念撮影。

「フェンダーの船名と星条旗を入れ込んで……」

とガンツはなかなかうるさい。

「自分が太平洋を渡ってきたような顔をするじゃないか」（笑）

艉《とも》にまわって、波に這うように低く、それでいて、ダンプのおしりのように幅広い、半月形のトランサムの迫力に、思わず、「こいつはスゲエや！」の言葉が口を衝いて出た。大した貫禄だ。

やはり、大変な船だな、こいつは。

WINDWARD PASSAGE　PORTLAND・OREGON　の二行の文字と、それを分かつ赤い鯨のマークが眼に焼きつく。

荒天《しけ》の海へ

風はますます強い。雲が足早に流れ、一瞬、輝く陽光が、カッとハーバーに降りそそぐ。

青空、銀色に輝くマストの林、群青色の泊地の水面。

夢のような真昼のヨット・ハーバーの風光に、「ミミ、ヨット・ハーバーとは、こういうところとは知らなかった……」

グエン・カオ・キ将軍がうなる。

だが、彼の〝未知との遭遇〟は、本当は、これから始まる。

出航準備《セッティング》をしている《蒼竜》の舷側に現れた屈強な男二人。『舵』の編集の本橋さんと、さっき挨拶を交わしたカメラの岡本さん。

「田辺さん、出掛けるんですか⁉」

「ええ、ガンツが来たから、湾口まででも出てみようか、と思って。どうです、乗りませんか」

二人は顔を見合わせる。

「後の仕事、どうしょうか」

二人は、今日は仕事で来ているのだ。

失礼して船内に入り、可動物の固縛をチェックしてから甲板に顔を出す。二人はもう、身軽に船上に乗り移っていた。

「行きます！　後は後だ」

どうせこうなると判っていた、と言わんばかりの海の男同士の笑い顔。このベテラン二人の助《すけ》っ人《と》がいなかったら、私とガンツと娘の三人だけでは、多分、湾口で引き返しただろう。

一面に白波立つ沖へ艏《バウ》を向けた時は、時計は十五時を回り、水平線には一片の白帆もなかった。

レギュラー・ジブ、一段縮帆《ワンポイント・リーフ》の《蒼竜》は、湾口の定置網をかわさぬうちに、ウネリと突風《ブロー》に挟撃され、たちまち、三十度以上に傾斜し、今日の荒天《しけ》が一筋縄でいかぬことを知らされた。

私は、左手でしっかりと後静索《バック・ステイ》につかまっているキ将軍の右手から、新品のコンタックスを取り上げて、ドグ・ハウスの側《サイド》の「カメラ収納所」へ収めた。私が他の艇に乗せてもらった時に、ハタと困るのは、潮をかぶらぬカメラ置き場のないことだ。アクリル板でカバーされた《蒼竜》のカメラ収納所は、経験的に、どんな荒天でもカメラを守ってくれるはずだったが、今日は、そこにまで飛沫《スプレー》が入った。

たちまち、四十度近くオーバー・ヒールする甲板は垂直の板だ。

波長の短いウネリは、山高く谷深く、白く髪ふり乱した波頭が舷側にぶつつかると、パッと見事に炸裂し、スプレーの雨をコックピットの全員の上に降らせる。

乾舷の高い《蒼竜》では稀れなことなのだ。さすがはベテランのシーマンでもある『舵』の二人は、どこに持っていたのか、完全装備のシースーツに身を固め、まるで住みなれた自分の船の上で作業するような熟練さで、ガンツを助けてツーポイント・リーフをやってのけた。

それでもヒールは収まらない。

忽然《こつ》と現れた、陸に向かうクルーザーと擦れ違う。艇体がキールまで波の上に躍り上り、次の瞬間、マストの先を残してウネリの向こうに没する光景を久しぶりに見、望遠レンズを向ける。と、その私の姿を岡本さんが撮っている。この激浪の中で！　ヨット根性＋カメラマン根性と言うべきか。

ガシャーン、と今まで聞いたこともないような盛大な音が、キャビンの中から。

「どうしたんですか!?」

と便乗者《ショーグン》。

「ほっとけ、ほっとけ」

と常連《ベテラン》。

娘がのぞきに入って、

「イヤハヤ、大変だワ」

《蒼竜》進水以来はじめて、胴の間《サロン》の戸棚の引き戸が見事に外《はず》れ、内容物が全部、床にブチまけられてしまった。インスタント・ラーメン、缶詰、タオルにセーター、皿、コップｅｔｃ。

後ろでガンツが言う。

「つまりですね、持ちあげて戸をはずす動作を波がやったわけですよ」

「反対側でなくてよかったわね」

とミミ。

「左舷側をはずさせてなるものか」

ガンツが力《りき》む。左舷側の戸棚には酒ビンが入っている。

スプレーをかぶるたびに、ヒヤリと海水が胸許に流れ込む。が、海はもう春、寒くはない。低いウネリが幾つか続くと、ひときわ高く黒い波の壁が近づく。

「くるぞッ！」

舵手《ヘルムスマン》は大車輪で艏《バウ》を波の方向に立てる。

バーンと船体を揺すってふくれあがる砕波の白いかたまり。ドッと降りかかるスプレー。

「すまーん！」

叫びながら、ヘルムスマンの、そして、コックピットのクルー達の顔は、海水をアゴから滴らせながら、抑えきれぬ笑いでクシャクシャだ。海水の奔流する甲板の縁木《コーミング》に足を踏んばり、ライフ・ラインや固定索《スティ》につかまって、辛うじて身を支えながら、クルー達にとっては、生命の危険をはらむその一瞬一瞬が、嬉しくて、嬉しくてしかたがないのだ。

そうだ、これは挑戦なんだ。冒険なんだ。命掛けでぶっつかっているんだ。これをやるためにヨットに乗ってるんじゃないか！


ヨット、お前はすばらしい！


帆を洗い、マストに逆さに吊るし、足の踏み場もなかったサロンの床をきれいに片づけ、ホッと熱いコーヒーでくつろいでいると、息子がひょっこりとやって来た。

「《桃李》は今日は出なかったよ。新入生が何人もいちゃ、危くて……。《蒼竜》が出て行くのを見ていた。パパ、帰り、乗せてってくれる？」

鎌倉、大船のラッシュをはずし、珍しく親子三人、揃って家に帰ったのは十一時過ぎ。

「今日は凄かったわよ！」

勢い込む娘の話を片耳で聞きながら、妻は私の顔を真正面から見つめる。

「お客さんがいたからって、イキがって無理な出航をしたんじゃないんですか？」

「大丈夫、ガンツと俺だけなら出さないさ。超ベテランの助っ人が二人いたからね。今日の顔ぶれならアメリカへでも行けるよ。それにしても、『舵』の人達はさすがだね。仕事で来ていたんだが、乗りませんか、と言ったら、完全装備のシースーツをどこからかすぐに出したぜ」

妻は騙されない。

「シースーツは結構です。ハーネス、ライフ・ライン、ライフ・ジャケットは着けたんでしょうね」

「ウーン」

絶句する私に、娘が救助艇《たすけぶね》を出してくれた。

その言葉が、自分もベテランのシーマンである妻の心を打ったらしく、安全装備への追求は無罪放免となり、それから、今日一日の海の話題に夜の更けるのを忘れた。

「ママ、……さんがつくづく言ってたわ。『もし今日の経験をしなかったら。僕はヨットというスポーツについて、全く間違った考えを一生持ち続けたと思うよ』って……」

第四話　海の墓標

人間はある年齢《とし》になると、自分の死を考えるようになる。

そしてまた、どんな墓標、墓碑銘の下に自分は眠ることになるのだろうか、ということを。

山男達は、その点で幸福《しあわせ》である。


「K2の麓、ゴドウイン・オースティン氷河と、サヴォイ氷河との合流点に聳《そび》え立つ岩の頂に、登山隊はアーサー・ジルキーの霊のためにケルンを築いた。ケルンの上には、彼の名を刻んだアルミニウムの箱と、彼のピッケルが置かれた。埋葬は静かに行われた。隊員のベードが聖書を読み、シェルパもサーブも、同じ思いに浸って逝ける友のために祈りを捧げた。すべての山の遭難者の墓がそうであるように、ジルキーのそれも、人間の持ち得る、最もすばらしい墓であった」

（深田久弥『ヒマラヤ――山と人』）


では、海の男が持ち得る〝最もすばらしい墓〟は何だろうか。

巍然《ぎ》として動かぬ山岳とは裏腹に、人の世の無常そのまま、常にたゆとうて止まぬ海に棲《す》む船乗りにとって、その墓は、ついに、朽ち果てる船の残骸でしかないのだろうか。

石原慎太郎氏は、海の男はすべからく、孤絶した岬に立つ一基の灯台を残すべきだ、と提唱された。（「舵」一九七六年五月号。〝続・一点鐘〟）

この空想は海の男の心を揺さぶる。だが、石原氏にしてなお、

「まず希むべくもないが……それが可能な私財を貯えることが出来たならば……」

と言われるようでは、この夢の実現は至難に近い。

私達潜水者《ダイバー》にとっては、ある孤島の海底の白い砂地から立ちあがる岩肌に刻まれた墓標、という手《て》がある。水深10メートルを超せば暴風の波動も力を失う。人間の手によって毀《こぼ》たれることもなく、その墓は、聖書に謂う〝虫と錆とが損《そこ》なわず、盗人も穿《うが》ち盗まぬ〟永遠の安息の場となり得よう。だが、水中の世界になじまれぬヨット乗りの方々は、或いは「海底」という概念にこだわられるかも知れぬ。

かくて、無常にたゆとう海面に生きるヨット乗りにとっては、水平線に立つ白銀の積乱雲の峯のみが唯一の墓標なのか。

或いはまた、若山牧水がうたったように、空の青、海の青にも染まず、空と水の間を永遠に飛びつづける白鳥《しらとり》の姿のみが、行方定めぬ白帆にいのちを托すヨット乗りの唯一のかヽたヽみなのであろうか。

伊豆半島の、海を見降ろすミカン畑の中の細道を、喘《あえ》ぎながら登りつめた山頂に近い斜面、南西に展《ひら》けた陽だまりに、その白い石のテラスはあった。

同じ白い大理石の低い壁が、カギの手に北東の縁を区切って、山頂から吹き降ろす北風をさえぎり、石壁の背後からは、鬱蒼とした濃いオリーブ色の繁みがテラスの上に枝を差し延べ、夏は日陰をつくり、冬には輝くオレンジ色の実をつける。

稀れに、こんな山頂近くまで散策の足を延ばしたハイカーや若い恋人達が、こんなところに、何故こんな綺麗なテラスが……といぶかりつつ、壁を背にしつらえられた石造りのベンチに腰を下ろし、汗をぬぐい、襟許に涼風を入れ、手を伸ばしてオレンジの実をもぎながら、眼下にひろがる果てしない大海原の眺望に息をのむ。

快晴の日には、三浦半島、房総の陸影までが、水平線の上にうす紫色に眺められ、時には白いヨットの帆影が、時間と共に停止したように、いつまでもコバルト色の青畳の上に動かず、その周囲を、海鳥の群れが花粉のように白く舞う。

人々が立ち去った後、石のテラスは、夕陽を浴びて、しばらくの間、茜《あかね》色に暮れ残る。だが、その石の壁の裏、オレンジの繁みにかくされ、半ば砂に埋《う》もれて刻まれた文字に気づく人は稀れだった。

そこには、夫婦と思われる男女の名前と、二人の生年と没年、そして、こんな文字が刻まれていた。

《海と船とを愛した二人の追憶のために》

第四話　海の墓標

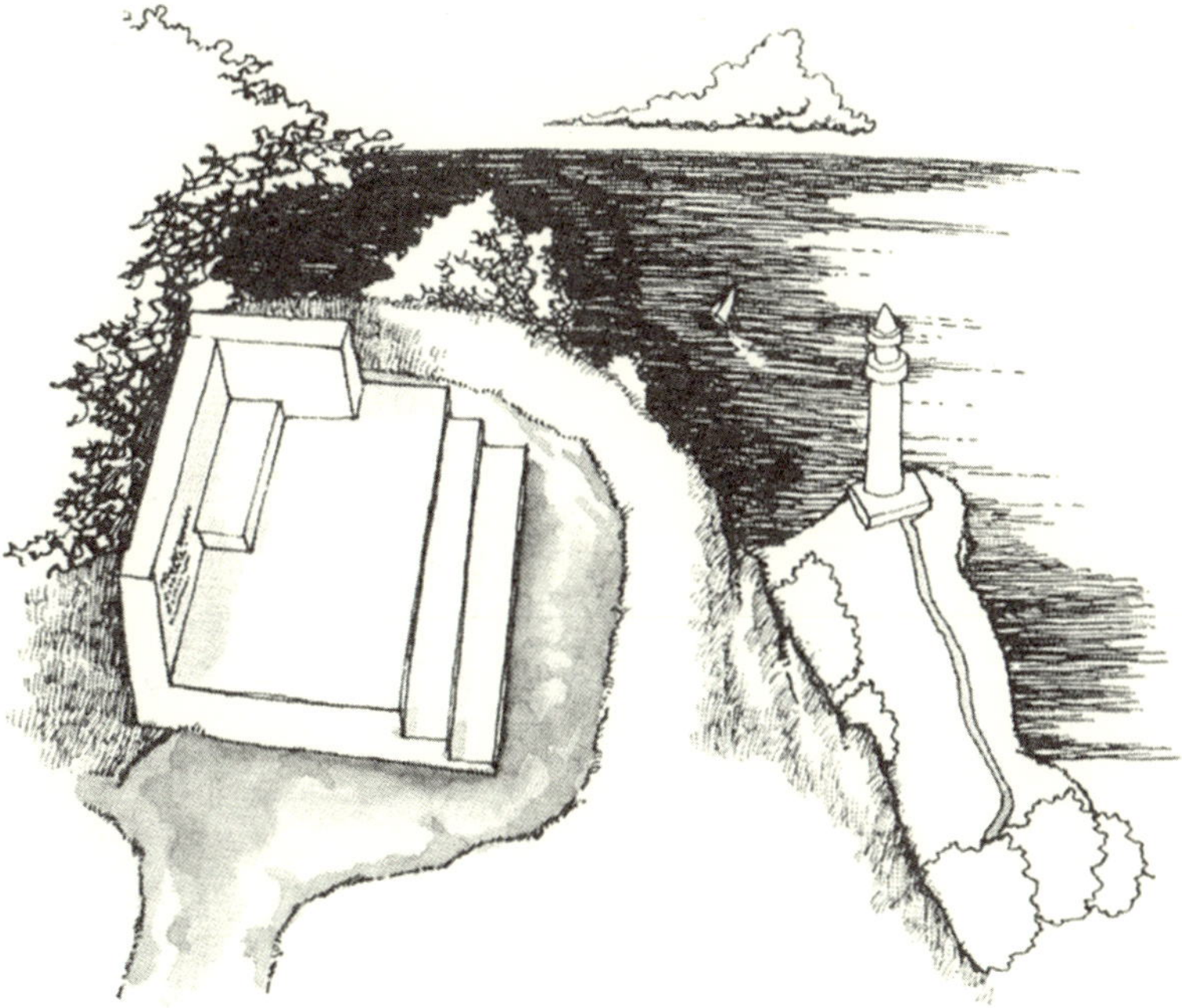

第五話　辛口のマルティーニ

「しかし、結局、何だかんだ言っても、辛口のマルティーニの右に出るものはありませんよ」

サマセット・モーム『エドワード・バーナードの転落』・河野一郎訳

「わたしは、時代と共に進みます。ドライ・マルティーニが飲めるというのにシェリーでは、特急列車で旅行できるのに駅馬車を走らせるようなものですよ」

サマセット・モーム『アッシェンデン』・河野一郎訳

日本人は、何故あんなにウイスキーの水割りを飲むのだろう。

日本人の画一性については、かつて花森安治さんの書かれた「ドブネズミ色の若者達」という卓論がある。この傾向は、その後も少しも変らず、ついこの間も、新橋のさる料亭で、十数人の客達が上着を脱いで宴酣《えんたけなわ》の折り、一人が手帖か何かを出そうとして芸者に、俺の上着を……と言って床の間に並べてある上着を眺めたら、端から端までまつ黒、つまり紺系統かチャコールのダーク・スーツばっかりで、どれがどれやら判らず、芸者さんは端から一枚一枚当っていかねばならなかった。

たいして年寄りでもない、私くらいの年齢のビジネスマンの集りでの出来事である。

日本人の画一性を示すもう一つの顕著な例はゴルフ。これにマージャンと野球が加わり、この三つのうちの一つにでも無関心を示せば、日本の社会では反社会的人間の烙《らく》印が押され、村八分に遇う。

しかし、何と言っても徹底しているのが、冒頭に触れたウイスキーの水割りである。一体、ウイスキーの水割りとは、星の数ほどもあるカクテルの中の一種類に過ぎない。にもかかわらず、バーでも宿屋でも、何を飲みますか、と尋ねられれば、千人のうち九九九人はウイスキー、しかも、水割り、と答える。

宴会の席で、ビールや日本酒の代りに、ウイスキーの水割りを飲む奇習は、宴会での酒杯の応酬の強制から逃げる巧妙な手段として普及した。その上、日本人はたいして酒に強くないから、ごく小量のアルコールで好い気分（または、悪い気分）になり得る。そのため、バーでも座敷でも、水割りは長時間、テーブルまたはタタミの上に放置され（これを捨て子という）、氷は解け、酒だか水だか判らなくなる。どのみち、味など分かりはしない。私は時々、こう言って鬱憤を晴らすものだから、サントリーから睨まれている。


「こんなうまい水を、なんで酒で割るのだ！」


大雑把に言って、酒は二種類に分けられる。

ハード・リカーとソフト・リカーである。ここで酒学についての蘊蓄《うんちく》を披露している暇はないが、おおむね、ウイスキー、ブランデーの類《たぐい》と、ビール、葡萄酒の類であって、私は前二者については、全く興味がないと言えば、またぞろ、変人扱いされるであろうが、それこそ花森さんの言われたドブネズミ根性である。私は呑兵衛で食い道楽だが――否、だからこそ、誰に何と言われても、興味の無い酒を、世間体を気にしてウマイ、ウマイと飲む気はない。

ビールはうまい。

真夏の甲板上、アイス・ボックスの中でチンチンに冷えたビールを、王冠を歯で噛み開けるのももどかしく、グビグビグビと一気にラッパ飲みにするあの気分！　ヨット乗りでなければ判るまい。

葡萄酒については多言を要せず、ただただ、同じ葡萄の実から、どうしてこんなうまい飲みものができるのか、と神に感謝しつつ杯を空ける……ようなワインに、なかなかお眼にかかれぬのだけが残念である。

こう書けば、どちらかと言えば度数の低い、このような酒を嗜《たしな》む私を、ウイスキー党、ブランデー党は軽蔑するであろうが、私は少しも驚かない。何故ならば、すでに指摘した通り、ウイスキー党が飲んでいるのはウイスキーではなくて、ほとんど水である。それでも足りずに、彼らは水割りをつくる芸者やバーの女の子に、小声で、「ウスク……」などと言っている。このような偽ウイスキー党が三杯もあおったら、たちまちひっくりかえる酒が、実は、私の一番のお気に入りなのだから。すなわち、ドライ・マルティーニである。

レマルクの『凱旋門』を読むと、主人公は、何かと言えばビストロに入ってカルバドスを飲む。作者《レマルク》はプロットが進まなくなると、主人公をビストロに入れ、カルバドスを飲ませて切り抜けるかにみえる。下手《へた》な役者に限って、何かと言うと、キザな仕草で煙草に火をつけて間《ま》を持たせるのに似ている。シナリオ・ライターが意地悪をして、「彼は（肺ガンで死んだ親の遺言で）煙草を吸わない……」と設定したら、困る役者が沢山いるだろう。

００７《ダブル・オー・セブン》は、何かと言うと、英国政府の費用《つけ》でシャンパンを――しかも、一九四三年もののブル・ブラン・ド・ブランなどという極上のシャンパンを飲む。まあ、正直に言えば、私とて、極上のシャンパンが出たら、他のものには手は出さない。

サマセット・モームも、『アッシェンデン』の中で、主人公（即ち、モーム自身）に、危機を乗り切った後でシャンパンを飲ませる。モームらしく、わざわざ、（英国政府の費用で……）という人を食った注書きをしている。

英帝国の諜報予算の過半は、両大戦を通じ、酒と料理に消尽されたものと思われる。

しかし、何と言っても、００７の酒の場面の圧巻は、バハマはナッソーのロイヤル・バーミアン・ホテルのパイナップル・ルーム（バー）で、お化けのように大きなオリーブ入りのドライ・マルティーニを出されて激怒したＣＩＡのフェリックス・レイターが、バーテンダーを一喝してドライ・マルティーニの原価計算をのたまう場面である（『サンダーボール作戦』）。これには、さすがのジェームズ・ボンドも感服する。

そして最後に、サマセット・モームが心から愛したカクテルもまた、彼の南海ものの主人公達が、ボルネオの奥地の駐在所や、海岸の街のクラブで愛飲したジン・パピット、シンガポール・スリングといった昔懐かしいカクテルではなく、〝辛口のマルティーニ〟であったことは、冒頭の『アッシェンデン』、『エドワード・バーナードの転落』からの引用の示すとおりである。

私はここで、敢えて、マイタイ、チチ、或いはグアム島の〝B－52〟などというカクテルについて詳論はしない。ただ、重ねて、ウイスキーの水割りなどというものは、これら綺羅星《きらぼし》の如きカクテルの中の唯の一つに過ぎず、日本国成年男子挙げて、何故《なにゆえ》に蛙の如く、ほとんど水であるこのカクテルに固執するのかを訝《いぶか》るのみである。

さて、ドライ・マルティーニくらい話題の多いカクテルはない。

論点は常に配合の度合である。ご存知ないだろうが、ドライ・マルティーニとは、ジンとベルモットを混ぜ合わせたカクテルである。ご存知ないかも知れぬが、ジンもベルモットも、アルコールの入った純然たるサケであって、ウイスキー一を水九で薄めるといったインチキな飲みものではない――日本では普通、水はタダである。それどころかドライ・マルティーニは、ドライの語の示す通り、水気が少しでもあってはイケナイ。

一体、ウイスキーも昔はそうだった。

ウイスキーが男の飲みものであった開拓時代、人々はウイスキーを生《き》で飲んだ。

あるカウボーイが、医師から肺浸潤と診断された。肺に水が溜まる病気だという。彼は反論した。

「先生、そんなはずはない。私は生《き》のウイスキー以外に何も飲まないから、溜まる水があるはずがない」

少し考えてから、彼はうなった。

「畜生！　ウイスキーに入れた水のせいに違いない……」

時代は末世となり、ウイスキーは水割りとなって、女子供の飲みものに堕落した。ドライ・マルティーニひとり、未だ孤高を保って、男の中の男達に愛されている。

既述の通り、ドライ・マルティーニとはジンとベルモットを混ぜてつくる。レモン・ピールを浮かせたり、オリーブを入れたりするが、そのようなことは少しも重要ではない。このジンの割合が、年々増している——ことは、男の中の男が、未だに死に絶えていない証拠である。

一八六〇年以降——当時、ジン一にベルモット一が標準であった——三十年毎にジンの割合が一ずつ増え続け、現在の標準仕様、四：一に至った（別表）、とライフ・タイムの『Wines and Spirits』に書かれている。

	Gin	Vermouth
1860	1	1
1890	2	1
1920	3	1
1950	4	1

たしかに、ジンも酒、ベルモットも酒ではあるが、ジンのアルコール分は四七度、ベルモットは一七度だから、ジンの割合が増せば酒としては強くなる。最近、アメリカでは九対一が普通だという。ジン九にベルモット一、つまり、ほとんどジンである。水九にウイスキー一の水割りに比べれば、アルコール分は十倍となる。水腹で、酔った酔った、と言っているウイスキー党にこれを三杯飲ませると（飲めたらの話だが）大低ひっくりかえる——蛙という言葉はフランスでは、ブドー酒を飲まず、水ばかり飲む奴、というケイベツの意味がある。

先に引用した『エドワード・バーナードの転落』の中に、モームの作品の中で一番美しい自然描写の一つが描かれている。

シカゴの上流社会を震撼《かん》させたスキャンダルの主人公ジャクスンが、刑期を終えて、ここ、サモア島の海を見降ろす丘の上に、美しいサモア人の妻と、可憐な一人娘と共に隠棲《せい》している。そこへ、ハーバード出のシカゴの名家の息子ベイトマンが訪ねて来る。ベイトマンはジャクスンのスキャンダルを知っているので、偏見の眼鏡を通してしか、その男を見ることができない。

が、そんな筋はどうでもいい。

夕暮時、ジャクスンはベイトマン青年を窓際にいざない、二人は西の海に沈んで行く落日の壮麗な姿を見つめる。この場面の描写は圧巻で、シニックなモームが、こんなにセンチメンタルになれるのか、と驚かされる。

夕暮時は、もちろん、カクテルの時間である。ジャクスンは、混血の娘に酒の用意を命じる。

『「ぴりっとした味を利かせておくれよ、おまえ」とジャクスンが言った。

彼女は出来たものをシェーカーから空けると、愛嬌よく微笑みながら男たちに一つずつ配った。

カクテルを調合するというあの微妙な技術にかけては、ベイトマンもいささか腕に覚えがあったが、いま出されたのを味わってみると、その味の素晴らしいのに少なからず驚かされた。

ジャクスンは客の顔に思わず浮かんだ感服の表情を見てとって、誇らしげに笑った。

「悪かないでしょう、ええ？　わたしがこの娘《こ》に自分で教えこんだんですよ。昔シカゴにいた時分には、わたしの足許に寄りつけるバーテンダーは町中探してもいないだろうなんて自惚れたものです」』

モームは、残念ながら、このカクテルの名を記していないが、ウイスキーの水割りでなかったことだけは確かだ。

若い頃、この一文を読んで、自分にも娘がいたら、このように仕込んでやろうと決心した。長女は、〝足ながおじさん〟を読んで寄宿学校《ボーディング・スクール》に憧れ、十三のとしに（方角を間違えて）英国に留学し、今、日本の国際学校で外人の子供にニッポン語を教えている。この子は昔からムジナのミミと仇名され、普段は横のものを斜めにもしないのだが、私が早く家に帰った晩、

「ミミ、例のをたのむ」
と言うと、イソイソと台所へ入り、見事な手捌《さば》きでキリッとしたドライ・マルティーニを調合してくれる。子供のことで、親の計画通りになったのはこのことくらいのものである。

わが家の調合は、四対一である。

テスターは家内で、彼女は底無しの呑兵衛の上に、天稟《びん》の舌を持っており、台所仕事で両手を使っている口のところへ、出来上がったドライ・マルティーニのグラスを持って行くと、一口すすって、

「ちょっと辛さが足りないわね」

などと言う。この時、私は、出来心で、四：一のかわりに三・五：一で調合した。恐ろしい感度である。

多分、一〇：一を標準にされている諸先輩は、四：一などとは子供だましだ、と笑われるだろうが、私は驚かない。次のグラフを見て頂きたい。

このグラフは、ジンのバムース（ベルモット）に対する割合が四（少なくとも六）を越せば、全量中のアルコールの強さに有意の差はないことを雄弁に物語っている。

今は知らぬが、昔、フランスの一流料理店のシェフは、食前に強い酒を飲む客を嫌い、場合によると、出さないこともあった。舌が荒れて、微妙な味が判らなくなるからだ。

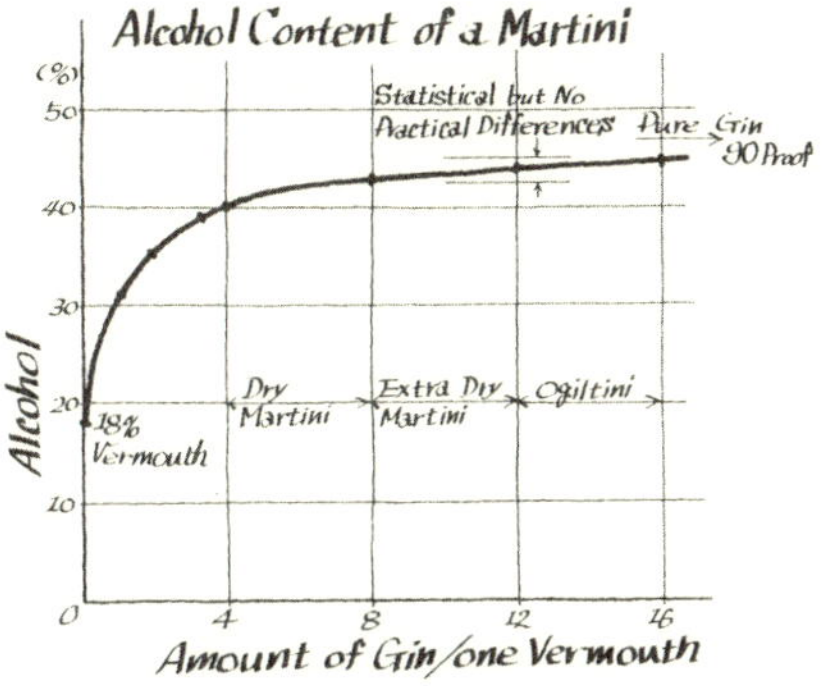

ドライ・マルティーニが、どのくらい〝ドライ〟か、つまり、ジンの分量がどのくらい多いか、というジョークは枚挙に遑《いとま》がない。誰でも知っている配合に、「ドライ・マルティーニ・イン・アンド・アウト」というのがある。グラスにベルモットを入れて、それを捨ててしまう。イン・アンド・アウトだ。そして、そのグラスにジンをそそぐ。ベルモットは香りだけ、ということになる。

ジンの入ったグラスの上で、ベルモットのビンのコルクの栓を二、三回振る、というのもある。名前は忘れた。

もう一つ大切なことは、如何に冷たくひやして出すか、ということである。冷やすのには氷を使うが、氷は溶ければ水である。シェークする間に氷が少しでも溶けては、〝ウエット〟マルティーニになってしまう。こんなものは飲めない。

私の家の冷蔵庫の冷凍室には、いつでも、シェーカー、メジャー、それにカクテル・グラスが三つ四つ放り込んであり、真っ白に霜がおりている。この霜が溶けぬうちに、ジンとベルモットを正確に調合し、冷やし、ピタリと杯を満たさねばならぬ。ドライ・マルティーニをつくり始めたら、親が死んでも、途中で手を止めるわけにはいかぬ。まさに神速の手際が要るのはこの故である。

　重ねて、浮んだ氷がいつの間にか溶けて無くなるウイスキーの水割りなど、飲めたものではないのである。


　さて、では、こういうデリケートなカクテルを、ローリングとピッチングを繰り返すヨットの上で調合するにはどうするか。

　これは少しも難しいことではない。ものごとは、如才なく――ということは、実際的に――考えなくてはいけない。ジン四、ベルモット一の混合液をビンに詰め、出航前にアイス・ボックスの氷水の中に放り込んでおけばいい。

　由来、船乗りと酒との縁は、切っても切れない。

「オリンピックの正式競技の中で、酒を飲みながらできるのはヨットだけだ」（渡辺修治）

　大人の乗るヨットでは、普通、次の手続きに従って酒を飲む。

　まず、「総員甲板《オールハンズ・オンデッキ》！」で出航、次《つ》いで「総帆揚げ！」で帆走に移り、エンジンを切る。とたんに聞こえだすザワザワという潮騒の音、リギンに鳴る風の音……ヨットはすばらしい！と感ずる一瞬である。針路を定め、帆を詰め、索を整理し、一段落すると、艇長《スキッパー》が、

「いくか……」

と眼くばせし、クルーの一人が心得てキャビンに消え、やがて酒ビンとコップが並ぶ。初めて

乗る陸の客人は肝を潰し、

「飲酒運転では……!?」

などと白痴《たわ》けたことを言うが、ヨットとは、自動車と違う成人《おとな》の乗物である。

なかには、

「これはしたり……！」

とばかり、相好を崩して手を出す客も、もちろん、少なくはない。残念ながら、わが艇の若いクルーはウイスキー党がほとんどだが、年輩の客の中には通人がいる。

「どうですか、ドライ・マルティーニは？」

と尋《ただ》すと、眼をむいて膝を乗りだし、

「今、何とおっしゃった!?」

「ドライ・マルティーニ」

「信じ難い。この洋上でドライ・マルティーニとは……」

私はおもむろに、ベンチの下のアイス・ボックスの蓋を開け、よく冷えたくだんのビンを取り出し、カップに注いで渡す。香りをかいでハッとした客は、一口すすり、

「ウーム、本当にドライ・マルティーニじゃ！」

「どうです、味は？」

「すばらしい!」

ここで配合の割合、冷え方、材料の銘柄などについて文句を言った客は、未だかつて、一人もいないから、さっき言った通り、ものごとは実際的に考えて処理すればいい。ジンはサントリーで充分。ベルモットだけはノイリーを使う。

一度、初めからビンの中にオリーブも入れておいたら、塩からくなって、飲めたものではなかった……と言うのはウソで、もちろん、飲んでしまったが……。

それにしても、考えてもごらんなさい、世の呑兵衛諸君!グッとヒールしながら、うねりを越えて帆走するヨットの甲板、サッと降りかかるスプレーに頬を濡らしながら、キリリと冷えたドライ・マルティーニをすする……これ以上の組合せが、この世にあるだろうか。

第六話　初春海野郎骨牌《にゅういやあしいまんずまきしむ》

――別名《またのな》　ヨット版『悪魔の辞典』――

「い」　犬も歩けば棒に当る。

「忠実に見張りをしていると、よく、浮いているポリバケツを見つけます。ええ、ウチの船じゃ、この十三年間、一つも買ったことはありません」

「ろ」　論より証拠《しょうこ》。

「安全検査は形式じゃない」って言うから、どうぞ、実際の状況の通りにお願いします、と言ったら、その検査員、艇を沖へ出させて、力まかせにスタンションを押したのさ。何しろ、船令十五年だからね、ひとたまりもなくスタンションごと落水してね。可愛想にとうとう見つからなかった。あんな無理しなければ、まだ保《も》つたのにねえ、あのスタンションは……。

「は」　花より団子《だんご》。

漂流三日目頃から、便乗の女性の食糧の割当てを減らすか、又は、無しにすること。

「に」　憎まれっこ世にはばかる。

i 漁協のこと。

ii NORC（日本外洋帆走協会）のこと。

iii 日本ヨット協会のこと。

iv　どこかのヨット・クラブのパワーボート部会のこと。

v　《蒼竜》又は《蒼竜窟主人《わたくし》》のこと。

「ほ」　骨折り損のくたびれもうけ。

エンストし、漂流して、助けを求めているパワーボートを発見、曳航して帰って来たところ、港の近くまで来たら、パワーボートのエンジンが掛かってしまったこと。

「へ」　へをして尻つぼめ。

ハーバーの中で、内緒《ないしょ》で便所《ヘッド》を使用すること。

「と」　年よりの冷水《ひやみず》。

《アプアプ》の前田武彦船長（と《蒼竜》のオーナー）以上の年令の船主《オーナー》全部のこと。

「ち」　塵《ちり》も積《つも》れば山となる。

某ハーバーのバースに舫う某艇の船底直下の海底に山と積《つも》っている酒ビンとビールの空缶のこと。

「り」　律義者《りちぎもの》の子沢山。
「よくつくるねえ、あのオーナーは。いったい、今度の《バロネッサ》って何世《なんせい》だい」

「ぬ」　盗人の昼寝。
前の晩の酒盛りで飲み過ぎたクルーが、翌日の当直《ワッチ》で居眠りすること。

「る」　瑠璃《るり》も玻璃《はり》も照らせば光る。

「済みませんが、オーナー、夜間航海《ナイト》の時は帽子をかぶって下さい。まぶしくて前が見えません！」

「お」　老いては子に従え。

すべての艇のクルーが、常々オーナーやスキッパーに言おうとして、言い出しかねている忠言。

「わ」　割れ鍋《なべ》にとじ蓋《ぶた》。

自分の船のボロさ加減を正しく認識しているオーナーが、やくざなクルーの失態に際し、自《みずか》らに言ってきかせる諦《あきら》めの言葉。

「か」　勘定合《かんじょうあ》って銭足らず。

勇躍ファースト・ホームし、優勝間違いなし、とはしゃいでいた艇が、レーティングで下位に落ちること。

「よ」　葦《よし》の髄《ずい》から天井のぞく。

「前方に定置網！」

「本当か？　見えんぞ！」

「オーナーは眼鏡《がんきょう》をお持ちなんですから、よく見て下さい！」

「見えんなあ」

「肉眼でハッキリ見えます！　真正面……」

「見えんなア。どの方角だ……？」


「た」　旅は道連れ、世は情《なさ》け。

最高速七ノット、巡航五・五ノットの《蒼竜》と、巡航十ノット強の《アプアプ》が打ち揃って大島巡航に出掛けたところ、はじめのうち《蒼竜》のまわりを旋回していた《アプアプ》が、いつの間にか水平線の彼方に消え去ってしまった時、《蒼竜》のオーナーが憮然としてつぶやく言葉。


「れ」　れうやく（良薬）は口に苦《にが》し。

〝きゃびん夜話〟の「ヨット税異聞」（『舵』一九七七年六月号所載の三浦市ヨット税批判論文）を読んだ三浦市長（当時）が、思わず洩らした感想。


「そ」　総領《そうりょう》の甚六《じんろく》。

ハーバーで一番大きくて立派な艇が、必ずしも、レース成績が好いとは限らないということ。

「つ」　月夜に釜《かま》を抜《ぬ》く。

〝凪《カーム》で接触、月夜に座礁〟の古語。

「ね」　ねんにはねんをいれ。

安全検査の末に、ゴリラのような検査員の腕力によって、スタンションも、ライフ・ラインも、すべて破壊されてしまった愛艇の惨状を見てオーナーがつぶやく自制の言葉（注。ヨットの安全検査では、検査員は、安全索その他の強度を、遠慮なく、力まかせに試すことになっている——当り前だが）。

「な」　泣き面に蜂。

「もういかん！　総員退去《ふねをすてる》！　救命浮舟《ライフ・ラフト》をふくらませろ！　みんな乗り移ったか⁉　ヨーシ、ハナセーッ。で、ウイスキーはどうした⁉　何？　忘れてきた⁉　バカヤロー！」

「ら」　楽あれば苦あり。

役立たずの美人クルーのこと。

「む」　無理がとおれば道理が引っ込む。

i 漁協のこと（ヨット乗りの見解）。
ii ヨット乗りの奴等《やつら》のこと（漁協の見解）。
iii ヨット税のこと（ヨット乗りの見解）。
iv ヨット乗りの奴等のこと（当時の三浦市長の心境）。
v ヨットのオーナー並びにスキッパーのこと（すべての艇のクルーの見解）。

「う」 嘘から出た真実《まこと》。

「……実は、太平洋を横断する気なんか無かったのです。せいぜい八丈ぐらいまでのつもりが……風と潮に流されましてね。エーイッままよ、というわけで……でも、シンブンが私を英雄にしちゃったもんですから、引込みがつかなくなって……これ、黙ってて下さい。お願いします」

「ゐ」 井の中の蛙《かわず》、大海《たいかい》を知らず。

「ナニイ?? 欧米先進国じゃ、ヨット・ハーバーは政府が造るって!? そんなバカな! フランスのラングドック・ルシオンでも、ロスのマリーナ・デルレイでも、サンディエゴのミッションベイでも、みんなそうだって? 信じられん!」（日本政府某高官）。

「の」 のどもと過ぎれば熱さを忘れる。

ｉ 沖で荒天《しけ》るたびにマグロになるくせに、性懲《しょうこ》りもなく海に出て行くヨット気狂いのこと。
ⅱ あんなに反対運動をしたのに、会社側がちょっと下手《したで》に出ると、すぐにケロリと忘れ、高額の繫船料《けいせんりょう》をホイホイと払ってしまう、気の好いオーナー達のこと。

「を」　鬼に金棒。
大金持で育ちも好いくせに、困苦欠乏によく耐え、シーマンとしての技量も卓越している、という始末の悪いオーナー（意外に多い）に音《ね》をあげたクルーの陰口。なお、これを耳にしたくだんのオーナーは、讃辞だと信じている。イヤハヤ……。

「く」　臭いものには蓋。
「如何なる船にも――もちろん、ヨットにも――港を使う権利がある筈です。漁協に港の管理権は無い筈です。それなのに何故、私達のヨットがあの港に碇泊しようとするのを漁協が阻止するのでしょうか。是非、お役人のあなたから、彼等に、理のあるところを説明してやって下さい」
「……キミイ、それはリクツだ。とにかく、漁協と話し合って、ハナシをつけて来なさい。そうすれば、後はなんとか……」

「や」　安物買いの銭失《ぜにうしな》い。

善良なる市民としての収入しかないオーナーが、和製の船具――例えば便器――を買って、二週間及至三ヵ月後につぶやく言葉。

「ま」負けるが勝ち。
レースの終った後の海面に、無数に漂《ただよ》っている言葉。又は、お役人を相手にする場合(ヨット税、船検、免許制度等々)には、絶対に成立たぬ〝弱者の哲学〟。

「け」下種《げす》の後思案《あとじあん》。
荒天準備でオイル・スキン、シースーツ、ライフ・ジャケット、ライフ・ラインのハーネスなどを着込んでから、あゝ、便所《ヘッド》に行っておくべきだった、と気づくこと。

「ふ」文は遣りたし、書く手は持たぬ。
しまり屋のオーナーが無線機の購入をケチッたために、いよいよ船が沈みかかっても、SOSが打てないこと。

「こ」子は三界《さんがい》の首枷《くびかせ》。
ヨットは三界の首枷、の誤植。

「え」　えてに帆を揚げ。

いつでも、一番スピードの出る方向にばかり艇を走らせ、「よく走るナァ、わが艇は……！」と悦に入るオーナーのこと。（注・それではヨットは目的地に着かない）

「て」　亭主の好きな赤烏帽子《あかえぼし》。

「見て下さい、奥サマ、私の手のこの荒れ方！　陽焼けはするし、肌は目茶目茶。ウチの主人も、世間並みに、一人でゴルフにでも行ってくれればいいのに、年中ヨットにつき合わされるの、本当にかないませんわ。女のすることじゃございません、ヨットなんて遊びは。

でもねえ、女遊びなどされるよりはマシだと思って、我慢してつき合っているんでご座居ますよ」

「あ」　頭隠して、尻隠さず。

「タナベさーん、ずいぶん汚れていますなあーッ」

「えッ？　どこが？」

「船底《せんてい》ですよ。海苔《のり》の栽培でもしているんですかッ。いったい、いつ上架したんですーッ」

「見えないナ。そんなにですかーッ」

「風上側からは、よーく見えますよ、ハハ……」

「さ」　三遍《さんべん》回って煙草にしょ。

「オーイ、その艇！　スタート・ラインはこっちですよ！」（マーク・ボート）

「それがネーッ、どうしても上らないんだッ、わが艇は微風に弱いんでねーッ」（《蒼竜》）

「ありゃありゃ、あんなところで回っている。タイム・リミットでフィニシュできない艇は知っているが、スタートできない艇とは初めてだ……煙草にするか」

「き」　聞いて極楽、見て地獄。

ヨットを使ったテレビのＣＭにだまされて来たクルーの独白。

「ゆ」　油断大敵　火がぼうぼう。

「奴、久し振りに船に来て、プロパンガスが洩れていたのに気づかずにマッチを擦ったのさ……可愛そうなことをしたよ、まだ若いのに……」

「め」　目の上のたんこぶ。

技量拙劣なオーナーが、技量卓越せるスキッパーに対して抱く感情。

「み」　身から出た錆。

あんまり熱心に繋船料値上げ反対運動の先棒を担いだため、自分の艇を舫っているバースの修繕を後まわしにされたオーナーの反省。

「し」　知らぬが仏。

ｉ フェンダーをしまい忘れて走っているヨット。

ii オーナー用のシーバス・リーガルと、クルー用のトリスの中身を入れ替えられたのに気づかず、「やっぱりシーバスはうまい！」と優越感にひたっているオーナーへのクルー達の讃辞。

「ゑ」　縁は異なもの味なもの。

オーナーをAとし、オーナー夫人をA'とし、クルーの一人をBとし、その若妻をB'とし、ハンサムな独身クルーをPとし、美人（女性）クルーをQとし、隣りの艇のオーナーをXとし、その夫人をYとした場合、AとY、A'とX、或いはPとA'、又はQとX、BとQ、PとQ（これは陳腐《ちん》！）、PとB、AとA'、XとY……あっ、この二つは不要。これで終りか？　何？　A'とB'、AとB、AとP……「ソープの見過ぎだ」……以上がそれぞれ、お互いに愛し合うようになること（お疲れサマ）。

「ひ」　貧乏暇なし天秤棒《てんびん》。

「近頃乗ってますか？」

「全然！ 仕事に追われてハーバーへ行く暇もありませんよ」

「それじゃ、ヨットは遊ばせてるんですか？」

「いやいや、クルーが毎週楽しんでますよ。まるでクルーのために働いてるみたい……」


「も」 門前の小僧、習わぬ経を読む。

「パパ、その舫い結び、おかしいぜ」

「…………」

「パパ、ジブつめたら？ メンも遊んでるよ」

「ウルサイ！」


「せ」 背に腹はかえられぬ。

「レースが近いんで、上架と塗装、急いでくれませんか。え？ 来週まで順番がつまっている？ ギリギリだなあ。とにかく間に合わせて下さいよ。え？ 見積りですか？ いいです。見積りは要りません。掛かっただけ払います。とにかく早くして下さい。頼みます」（チクショーツ）

「す」 粋が身を食う。

「振り返ってみますと、ヨット一筋に入れあげた一生でした。会社はクビになる、事業は手につかず失敗する、女房には逃げられる。最後に、たった一つ残った財産のヨットも台風で木ッ端微《み》塵《じん》……。今じゃ、こうして、港で船を眺めながら、屑《くず》をあさって生きています。でもねえ、ちっとも悔いちゃいません。もう一度生れても、同じことをするでしょう。これ以上の人生はありませんや……旦那、タバコお持ちで？」

「京」　京の夢は大阪の夢。
〝キャビンの中で見る夢は、
緑の椰子の繁る島。
胸にゃいっぱい夢がある。
きっと行こうぜ、仲間達！
ああ、俺達ゃヨットマン〟

（シー・シャンテ『ああ、俺達ゃヨットマン』の最後の一節）

第七話　ヨットに再度《また》招かれる法

ライフ・タイム社から出ている『スポーツ・イラストレイテッド』という月刊誌は、『プレイボーイ』誌と共に、最近に至っても広告収入の落ちない数少ない雑誌の一つだが、そのＳＩ誌に、大分前に、〝ヨットに再度《また》呼ばれる法〟という記事が載っていた。

「あなたが、あなたの友人の持っている豪華ヨットに二度と呼ばれるためには……」という書出しで、二度と呼ばれぬケースが多いことを警告し、愉快なイラスト入りで、ヨットに呼ばれた場合のエチケットを列挙している。

面白いと思ったのは、米国では、ヨットを持っているということは、なかなか大したことで、ヨット乗りは、世間からはうらやましがられ、尊敬もされ、従って、ヨットに呼ばれるということは、大いに結構な、言わば、再度呼んでもらいたい、と期待される出来事らしい点である。

もちろん、日本では、そうではない。

この二、三年は、ヨット・ブームとかで、世間の認識も少しは改まったが、ついこの間までは、四十男が、「ヨットをやっている」などと言えば、変人扱いだった。その上、世間では、ヨットと言えばせいぜいディンギーかスナイプ程度の認識しか無かったから、「呼んでくれ」などという変人も少なかった。

さて、本題に戻り、まず最初に、ポンツーンの上にチェロのケースを抱えたお客を発見し、弱り切っているオーナーの絵が描かれている。キャプションに曰く、

「船に呼ばれたら、まず第一の心得は、荷物を小さくすることである。楽器を携行するのは悪いアイディアではないが、ハモニカより大きいものはまずい」

次には、引きずるようなネグリジェのすそを夜風になびかせ、うっとりと月を眺めているご婦人のあで姿。「ファンシイな服装は迷惑。スラックスが一番。船では、当然、客も仕事を手伝うことを期待されているから」

と厳しい。

従って、「スキッパーに頼まれれば、舵もとらねばならぬ。その時……」

暗闇の中に、ぼーッと一つ目のお化けのような光が近づいて来て、素人船長は舵輪にしがみついている。

キャプションは冷く、

「船に呼ばれたからには少なくとも、ポート、スターボード、赤灯、青灯、航路権、ぐらいのことは、まっ先に覚える努力をすべきである。擦れ違う他船のブリッジで、先方のキャプテンが吸っている葉巻の火を舷灯と間違えたりしたら、えらいことになる」

船に呼ばれた客は、お客サマではない。

船長の指示に従って、作業を手伝わねばならぬ、というわけで、錨をレッコしている客人のぎごちない姿が描かれている。よく見ると、舷側を落下しつつあるアンカーのロープの端が、ビットに結んでなくて、彼自身の足首にクラブ・ヒッチになっている……。

「錨を投げ込む時は、必ずロープの端をどこかに固縛するように。但し、あなたの足首ではまずい。船のオーナーは、錨《アンカー》といっしょに沈んでしまったあなた自身については、別に何とも思わないが、共に失なわれた新品のダンフォースについては、いつまでも憶えているに違いない」

かくて、小さな荷物、身軽な服装で、いつでもオーナーの手助けをしようと身構えている態度の《お客様》は、常にヨットに歓迎され、是非またいらっしゃい、ということになる。

真理《シーマンシップ》に洋の東西はないナ、と感心した次第。

第八話　転ばぬ先の杖、沈まぬ先の浮袋《ぶい》

夏に向かい、われわれの船に、海に馴れぬ陸のお客さまをお迎えすることが多くなる。

この際、次のようなフォームを大量に印刷し、各船に配布、使用すれば、お客さまとの間の無用のトラブルが避けられるのではないかと思うが、如何だろうか？

『拝啓、クルーザー《ET》号船主《オーナー》何某は、下記の要領により、貴殿（または貴女）のご乗船を、心より歓迎するものであります。

（1）集合日時・某月某日一〇・三〇

（2）集合場所・三浦半島ボツラブア湾、フライデー・ヨット・クラブ13号桟橋《ET》号舷側。

（3）服装・自由（ご遠慮なく、思い切っておしゃれをして結構、という意味）。但し、作業を手伝っていただきますから、運動性を重視され度く、船上ではゴム底靴着用のこと。盛夏と言えども、防寒用衣類必携。

〈注意〉女性の方は、ご本人の容姿ならびに経済力の許す限度で、出来得る限り優美かつ魅力的に装われんことを希望します。水着《ビキニ》をお忘れなく！

（4）食事・原則として、船側より支給。但し、ご馳走、菓子果物、ワイン等の持ち込みは妨げません。おもたせ食料は、クルーを含む全員に均等に配分します。

（5）船上での心得・船長の指示に、絶対無条件服従を願います。但し、女性の場合、きわめて私事にわたる事項については、この限りではありません。

（6）乗船の選択・船が沖に出てから、海が荒れ始め、船酔いする方が出て、そのために航海を中断、帰港するようなことになるのは、クルーを含む残りの人々にとって大変迷惑なことであります。それ故、その点について自信のない方は、出航前に申し出て、次の三つの中から一つを選択していただきます。

ⅰ どんなに苦しくても我慢すると宣誓する。

ⅱ 船酔い防止薬（但し、効果不明）の支給を受け、早目に飲んで、船室《キャビン》で寝てしまう。

ⅲ 下船し、快適で揺れないクラブ・ハウスで待つ。但し、飲食有料。

（7）苦情処理について・折角、船に乗られても、しばしば、次に列記するような状況になることが考えられます。そのような場合には、一切苦情を言わず、逆に、普段よりなお一層明るく快活に振る舞われんことを希望します。これが、船の上における唯一の有効な苦情処理法であります。一人の弱音《よわね》、不平が、船内の雰囲気をこわし、乗員の士気を傷つけることをお考えください。

ⅰ 雨で一日中船内に閉じ込められる。

ⅱ 強風のため、出航できない。

ⅲ 無風のため、帆走できない。

ⅳ エンジン、帆、その他のトラブルで出航できない。或いは、早々に航海を中止する。

v クルーが集まらず、出航できない。

vi 上記等の理由により、帰港（従って、帰宅）時間が大幅に遅れる。

vii ついに帰港できない。（合掌）

（8）船側の忠実義務・船側としては、七条列記のような状況下にあっても、可能なあらゆる手段を講じ、乗船者に楽しい船上生活を過ごしていただくべく、最善の努力をいたします。

（9）船内宿泊・出航前夜より船内に宿泊を希望される向きには、当夜、船主または先任クルーが在泊し、且つ、寝台《バース》に余裕ある場合は歓迎します。但し、結果として、男女各一名ずつになる可能性ある場合は、ご遠慮願います。もっとも、その男女が夫婦である場合は、別途考慮します。

本船船主は、各位が上記の九ケ条の精神を理解、遵奉され、永く思い出に残るような、すばらしい洋上の一日を、本船上に於て体験されることを、心より希望するものであります。』

第九話　ヨットーーこの危険なスポーツ

ーーこれから始めようとする方々のためにーー

○四三〇　ただならぬ物音と叫び声に眼を覚ます。ハッチからのぞく空は、まだ薄明。その灰色の空を、雲が恐ろしい速さで流れて行く。ヤッケをひっかぶって甲板に飛び出すと、昨夜までトロリと油を流したように静かだった波浮《はぶ》の湾内を、疾風が渦巻き、舷を接して舫っていた数隻のヨットは、舫い綱をきしませ、一上一下、フェンダーがうめき、マストが、大きな孤を中空に描いている。

お隣りの《ロータス》の甲板では、八丈を目指し波浮まで来て、昨日南下を見合わせた金原船長が、「式根に泊っていたら、今頃は船体放棄ですナッ」と叫んで、莞爾《かんじ》として、顔の雨滴を拭った。

○九〇〇　空はまぶしいばかりの陽光を満たして、真青に晴れ上がったが、風はますます強く、居並ぶヨットの風見のリボンや浮標の旗が、千切れんばかりに風に鳴っている。湾口には、どうどうと砕ける波が押し寄せ、断崖に激突し、真白な飛沫が次から次へと湧き上っている。

○九一五　天気図をとる。

低気圧はすでに通過し、このまま経過すると、強い風が北に変わる心配がある。全員、宮仕えの身としては、この際、順風を利して、一気に本土へ帰還するにしかず、と決断。全員オイル・スキン、ライフ・ジャケットに身を固め、荒天食を用意し、ライフ・ラインを確かめ、《ロータス》にとった舫いを放す。

「行きますか!? ま、これ以上悪くなることはないからナ」

手を振って送ってくれる金原さんの笑顔も、心なしか固く、

「気をつけて！」

の言葉の中に、海の男同士の無限の感慨がこもる。

一〇〇〇　うねりを乗り越え、湾口を突破。竜王崎の沖合で取舵一ぱい、針路二十。

見渡すかぎり、海面は真白に泡立ち、船尾《スターン》から迫って追い抜いて行く山のようなうねりに乗って、《蒼竜》十トンの船体は、サーフ・ボートのように波頭に乗って疾駆し、速度計はたちまち七ノットを指す。図らずも、進水以来の最高速度を記録したわけだ。

いつもながら、大島の山顚《てん》からの吹き降ろしは物凄い。ワン・ポイント・リーフの船体は、時に四十五度まで傾斜《ヒール》し、《蒼竜》の三フィート十一インチの乾舷を越え、ドッと海水が後甲板を満たす。これも新記録。ベテラン、細川スキッパーはただちにツー・ポイント・リーフを命じ、続いて、

「ジブ・ダウン！」

と叫んだその瞬間、十年使いなれたジブが、アッという間にフットのところで千切れ飛んだ。

たちまち狂女のように荒れ狂うジブを押え込もうと、必死に格闘するクルー達を乗せたバウ・スプリットは、その間にも、宙天に舞い上り、次の瞬間、ウネリの谷底へ叩きつけるように落下

する。何度繰り返しても、見る者にとって、血の凍るような思いをさせるのが、荒天時のバウ・スプリットでのセール・ワークだ。

無限に長く思われるその悪夢のような作業も、ついに終り、ジブは収納され、ツー・ポイント・リーフできまった《蒼竜》は、ハンカチほどに縮帆されたセール・エリアにもかかわらず、矢のように走りに走る。左舷に望む大島の大絶壁の緑は、ただひたすらに濃く、ウネリは白いたてがみを振り乱して絶え間なく襲い、目の及ぶ限りの波頭はすべて白く砕け、その間に僅かに残る濃紺の波の肌の上を、無数の細いしぶきのじゅず紐が、風に吹かれる玉すだれのように、ユラユラとゆれ動くあの妖しく美しい光景!

一体、ヨットとは、如何なるスポーツなのだろうか。

ゴルフ場でボールに当り、命を落とす確率がどのくらいか、私は知らない。しかし、ヨットでは、もし不測の横波をくらってクルーの一人が海中に叩き落とされたら……(三十メートル近い風速の中を疾走する十トンの船に対し、ライフ・ラインがどれほどの働きをするか、誰が知ろう!)

また、もし、メンが裂け、或いはマストが倒壊し、そして、一人または二人のクルーが落水したら……。それでも、ヨットとは、ゴルフやテニスと同列に、何気なく〝スポーツ〟と呼び得るものなのだろうか。まして、〝レジャー〟などと……。

一六三〇《蒼竜》は無事、母港シーボニアのバースに舫いを取った。調べてみると、ジブのトップを支えていたスウェーデン鋼製のスナップ・シャックルは、二ミリ近く口を開き、銀色の肌に無気味な皺を刻んでいた。

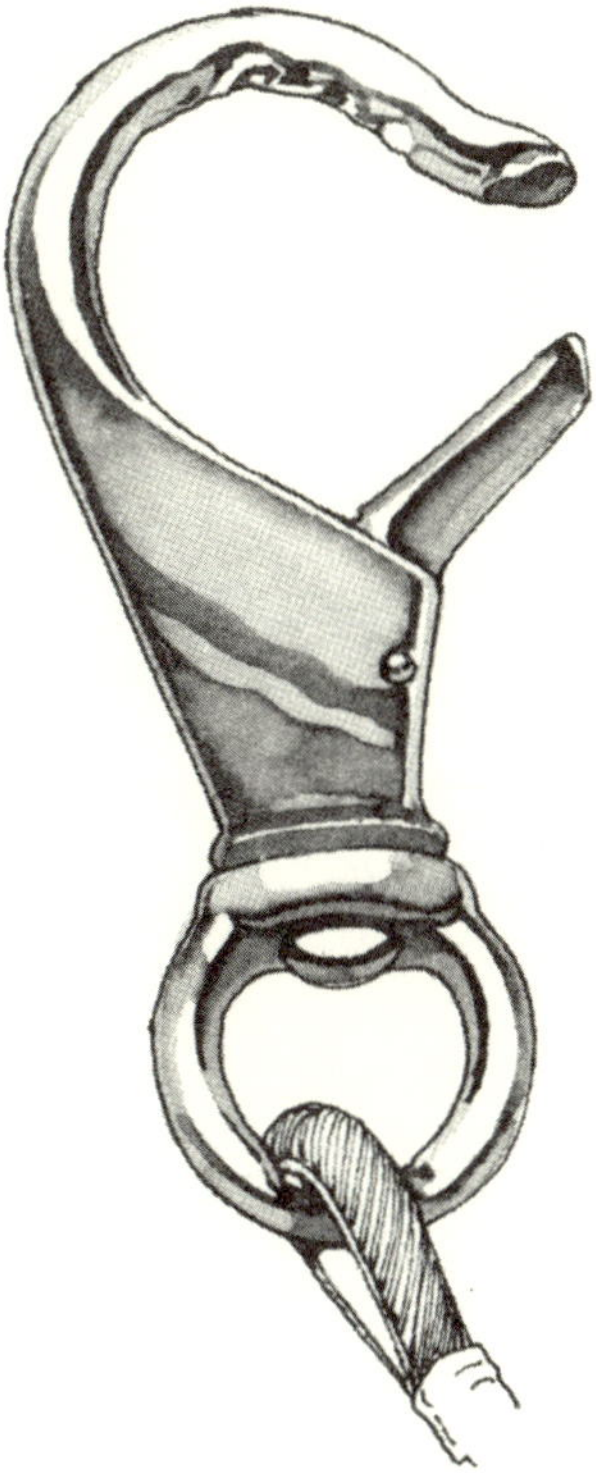

第十話　静かなるものは、遠くまで行く

――ある出版記念会の詩と真実――

その夕べ、東京狸穴《まみあな》、アメリカン・クラブのメイフラワー・ルームを埋めた二百人の来客を眺め、人は恐らく、如何なる共通項によってこれらの人々が集まったのかと首をひねったことであろう。

石原慎太郎氏がいる。森繁久彌さんがいる。「暮しの手帖」の大橋鎮子社長がいる。文芸春秋の田中健五さんがいる。自民党副幹事長の田辺国男センセイ、新自由クラブの柿沢こうじセンセイ、松屋の古屋徳兵衛会長、万博及び海洋博のプロデューサー泉真也氏、そして、海と船と湖の画家石川滋彦氏、〝白いヨット〟の柏村勲画伯、ご存知アンクルトリス、実は本職船キチ柳原良平氏の三大海洋画家が顔を揃えている……。

(ははーん、ヨットか……)

人はつぶやいて、ここでようやく、今宵《こよい》この席に集まった人々を結びつけている一筋の絆に気づく。

そう言えば、会衆はみな、スピンネーカーを形どったワッペンを胸につけ、その上に、氏名と艇名とが書かれている。艇名の無い人は、ヨット以外の友人達というわけだ。

そう思って見わたせば、赤銅色の顔、締まった体躯、身のこなしも堂々としたヨットのベテラン達の顔触れの、何と賑々《にぎにぎ》しいことか!

《天城》の渡辺修治さん、《相模》の飯島元次さん、《潮風》のシイラ・竹下政彦さん、《都鳥》の岡崎弘さん、《サンバード》の山崎達光さん、《LOTUS》の金原さん、《足柄》の福永さん、《GEKKO》の並木さん、《K7》の栗林さん……

連合艦隊、柱島泊地に同時在泊の偉観である。

だが、舷々相摩《あいま》して居並ぶ海の男達のダンディ振りを、朝日の前の星屑の如くに色褪せさせるのは、〝風と共に去りぬ〟のタラの夜会もかくやとばかり、シャンデリアの輝きと美を競う、その夜の女性達のあでやかさだった。

フィジー大使夫人、参議院議員にして往年の大女優大鷹淑子さん。

白蝋石《アラバスター》の肌、掌に入るばかりに小さな顔も愛らしい美貌の人、逗子は鐙摺日影茶屋、加えて、海浜の白亜のフランス料亭「ラ・マーレ・ド・チャヤ」の若き当主、十代目角田庄右衛門夫人マリ・クリスチーヌさん。

純白のパンタロンスーツに長身を包み、エキゾチックな美貌で人眼を奪う泉真也夫人にしてシャンソンの女王、瀬間恵子さん。

紺のスーツに白い襟、可愛いくリボンを結び、ぱっと開いた大輪のブーゲンビリアを想わせる麗人は、ハワイ実業界の雄、クライド山本氏夫人テリーさん。

黒ビロードのスーツが白磁の肌をいやが上にもきわだたせる、愛くるしく気品ある長身の佳人は、かつての汪兆銘政府要人、陳群内政部長の愛孫燕《えん》さん、今は《ジョビアル・ファイブ》のハンサムなオーナー柳瀬和男氏夫人である。

〝去って行った渡り鳥〟《マイグレーター》の麗わしの副艇長ジュンさんこと小山順子さんは可愛いいおさげに白のブラウス、黒のチョッキ。往年の学習院大学のマドンナ、富永惣一万博美術館長の愛嬢、バロン黒田長美氏夫人美智子さんがいる。番町小学校創立以来の才媛とうたわれた大熊誠氏夫人礼子さんの和服姿。有斐閣社長江草忠允氏夫人保子さん。国際派法曹界の鬼才細田直宏氏夫人雛子さん。キャナディアン・パシフィックの花、佐藤登美子さん、日本航空の明眸パーサー、三木京子さん……。

パリ、カンヌは知らず、戦後わが国で開かれたパーティーにおいて、これだけの美女才媛の群れ集《つど》ったためしは、空前であり、絶後となろう。

司会者が口を切る。

「シーボニア・ヨット・ハーバーに舫う《アプアプ》のオーナー、前田武彦です。本業は司会をいたしておりますが、今日は本業で参ったのではありません。

本日、皆様に出版を祝っていただきます『はきなれたデッキ・シューズ』の著者田辺英蔵さんと同じバースに舫う仲間、言わば、同じ長屋の住人ということで、お頼まれいたしました。先日、田辺さんから電話が掛かって参り、『出版記念会での著者は、結婚式での花婿、葬式での死体の如きもの、発起人にまかせ、おとなしく坐っているのが筋なのですが、どうも、貧乏性で……』という前置きで、いわば死体からのご依頼を受けた次第……ハテナ、花婿、ではない、死骸はどこへ行ったかな。田辺さん、ぐずぐずしていないで、早くこちらへ。やっと〝はきなれたデッキ・シューズ〟で走って参りました。ご紹介申し上げます。美しい方が奥様、不釣合いな方がご主人の田辺さんです」

「発起人を代表し、田辺さんの《蒼竜》、森繁さんの《ふじやま丸》等の設計者、渡辺修治さんにご挨拶をお願いいたします。こんな古いヨットの設計家が未だにご存命とは知りませんでした。渡辺さん、《蒼竜》、《ふじやま丸》にまつわる大演説を三十秒ほどでお願いいたします」

拍手に迎えられ、半白赭《しゃ》顔の渡辺〝提督〟、いささか照れ気味で登壇。

「あの頃は、今と違い、ヨットのしきたりと申しますか、型が決まっていなくて、《ふじやま丸》にしろ《蒼竜》にしろ、オーナーの自由奔放な発想に従って存分に設計させてもらいました。田辺さんという方は、ちょっと日本人離れのした自由人のくせに、日本の体制側でもかなりの重鎮という珍らしい人物で……」

なるほど、精神の自由さ《ガイストリッヒ・フライトハイト》を持った人間は、日本では、普通、体制側では出世できないものらしい。

次いで、わが国ヨット界の草分け的名艇《相模》のオーナー、日本外洋帆走協会監事、飯島元次氏、乾杯の音頭取りに立つ。

「エー、今日は、出版の方はとにかく、昔の古い仲間に会えるナーと、それを楽しみに、朝からヒゲを剃って、一世一代、パリッとして参上いたしました。案の定、古いヨット仲間に続々とお会いでき、非常に楽しい会で、これも田辺さんのお人柄かと……まあ、田辺さんはどうでもいいのですが、きれいな奥さんにカンパイ！」

二重にだしにされた著者も、この際は無邪気に乾杯。

司会者「驚いた方で……世の中の人は、普通、朝からヒゲを剃ります。つづいて、《コンテッサVI世》オーナー、NORC会長、そして、国会議員でもある石原慎太郎氏、唯今、外務委員会を抜け出して入港されました」

グレイの背広、普通の日本人よりひとまわり大きな体の石原さん、颯爽《さっそう》と壇上へ。

「エーッ、水前寺清子の歌ではありませんが、〝ボロは着てても心は錦〟、ヨット界でも、〝船はボロでも心は錦〟、その最たるものが、私は田辺さんだと思います。エー、女房もそうですが、船も古くなると取り替えたくなる。ところが、あのユニークな船に、有形無形のユニークな装飾をほどこし、人の数倍も海を愉しんでいる田辺さんこそ、本当のシーマンではないかと私は思います」

石原艇は、上げたり下げたり《ピッチング》、を繰返す。

「海の上にも、海の底にも、人を飽かせぬ数々の素材のあることを、判り易く、面白く、多くの読者に紹介したという意味で、NORCの目的とする海事思想の普及の功績大なり、と考える次第です」

ＮＯＲＣ新会長の公式表彰として永世に記録。話題は一転、

「私にスキューバのきっかけをつくった田辺さんが、近頃、ちっとも潜らない。何か事情があるのかと質しても、無い、という。果ては、エッセイの中で、自分の老後や死を、えらくセンチメンタルに、ヒロイックに書く。あの不吉な一章は、今度の本に入っているのか、いないのか……」

それは集英社がちゃんと外してしまった。

聴衆の中の老紳士がつぶやく。

「文学者の石原さんらしくない疑問じゃ。老後や死をとくとくと語るのは若者の奢りじゃ。彼はまだ、自分が若いと思っとる。今に『毎日が日曜日』になってみろ。彼は決して、老後や死をテーマにものは書くまいて」

石原さんは締めくくる。

「〝蒼竜窟主人〟などと自称するので、如何にも妖怪変化の類《たぐい》に聞えますが、彼にはとても、そんな大それた悪玉のイメージはありません。まあ、西遊記の三蔵《サンゾー》法師役の夏目雅子を男にしたイメージでしょう、なにしろ英蔵《エーゾー》ですから（とはおっしゃらなかった——著者）」

司会者が陰気な声で付け加える。

「実は、妖怪変化なのです……」

次いで、『舵』誌の伝説的創立者、現舵社会長、土肥勝由さんが、いつもの穏やかな笑顔でマイクに向かう。

「ヨット乗りとして、思わずニタリとするような、また、思わず吹き出してしまう田辺さんのエッセイを、編集者というより愛読者として、毎号、楽しんでいます」

優渥《ゆうあく》なる勅語を拝する。

土肥さんは「腹は借りもの」という古風な比喩で雑誌《かじ》社と著者との関係を道破する。男系の男子、皇位を継承す、とうたった皇室典範の精神を平易に述べたこの言葉の意味は、聴衆の中に散見された若い中ピ連の闘士達には理解できなかったので、無事に聞きのがされたのだが、舵社が産みの苦しみをした子を、集英社に養子にやってしまった、と取れぬことはなく、著者はひたすらに恐縮する。

入口のあたりにざわめきが起こり、人垣を分けて、真白な美髯《ぜん》をたくわえた人物が壇に近づく。司会者は大きく息を吸い、マイクに向かって静かに語り始める。

「……この方は何をしておられる人かよく判りません。なんでも、大変に古い船の船長さんで、その船が陸揚げされてしまい、それからは世をはかなみ、そのために胃腸を悪くし、もっぱらキャベジンを飲んでおられる……」

笑いと拍手。いよいよ、森繁久彌船長の登場である。

宴酣《たけなわ》。前武船長の名司会も、広い会場の隅々まではなかなか浸透せず、挨拶をする側にとっては最も辛いタイミングなのだが、壇に上った森繁船長は、きっかり十秒で会場をしわぶきひとつ聞こえぬ静寂と、そして、笑いの坩堝《るつぼ》に変えてしまった。

「えー、財布を忘れて参りまして、会費を払わずに入って参りました。帰りまでに必ず払いますが、『おれが出してやるよ』という奇特な方がおられましたら、是非、そうお願いしたいもので（笑）。

これでも、昔は景気の良い男でございましたが、金を船と港にすっかり注ぎ込んでしまいまして、政府は保障してくれませんし、石原さんも駄目だし（爆笑）、だいたい、石原さんが私をヨットに引き込んだのに……」

森繁船長、楽し気に石原艇長を一瞥。人々は、一語も聞き洩らさじと、手の杯を忘れて、身を乗り出す。

「こないだ、ある集りで、『俺はオールド・セーラーマンだ』と言ったんです——威張ってですよ。後で、何気なく岩波の辞書を引いてみたら、オールド・セーラーマン：厄介者、と書いてある（笑）。『もう、お前はどけよ。お前の力じゃ帆も上がらんよ』、なんて言われて、その上、だんだん、歯が悪くなりましてね、三分の二は自分の歯でなくなりました。

船の上で一生懸命寒さを我慢したりなんかする時、歯を食いしばるのに、どうも自分の歯でないと具合が悪い（笑）。そこで歯医者へ行ったら、隣の席に、巨人軍の王選手がいる。『王さん、あなたも歯が悪いの？』と尋ねても笑っているので、後で医者に聞いたら、ホームラン打つたびに歯を食いしばる。奥歯がみんな、いかれてしまう。あれは大変なことなんだそうです。歯だけじゃない、眼もいかれて参りました。その次は、えーと……」（爆笑）。

「……とうとう、私の娘も田辺さんの方へ身売りをいたしました。現在の価格で約三億円の船を、田辺さんは値切りに値切って（笑）、とうとう鉄くずの値段で（笑）、船底には鉛が十五トンも入っているのに（爆笑）。それをホテルの庭に置いて、一人百円ずつとって（爆笑）……見せていらっしゃる。年間にどのくらい見るんだ、と尋ねたら、五十万人だって（笑）。それでは五千万円じゃないか！（爆笑）商売のうまい人ですなあ、田辺さんは……（爆笑）。それでも、私の一番大好きな友達の一人でございます」

「あなた、本当にそんなに儲かるの!?」

著者夫人がソッと著者の耳許でささやく。

「若干誇張がある。十万人の間違いだ。ああいうものは無料《ただ》にすると、子供の遊び場になってしまって、かえって荒れてしまうんだ。百円は整理料だよ」

「森繁さんに訂正をお願いしたら？」

「何故？俺は生まれてから、商売がうまい、と言われたことは一度もないし、多分これからも決してないだろう。それなのに、天下の森繁さんが、田辺さんは商売が上手だ、と言ってくださったのだ。金輪際、訂正などするものか！」

「それはそうね。私も同意見です。あなたは商売は下手よ。せいぜい《蒼竜》を大切に保《も》たせましょうネ」

著者は憮然たる面持で沈黙する。

森繁さんは続ける。
「……陸へ揚げようとすると、ヨットが嫌がりましてねえ。船には魂がある。嫌だ、嫌だ、と言って、九十トンのクレーンじゃ駄目、次に三百トンのクレーンを持って来たら、時化で帰っちゃったりして、最後に私と伜が、馬の首をたたくように、
『もうね、お前もおしまいよ』（笑）
そう言ったら、静かに揚がりました」

誰かがコードを踏んだらしく、マイクがブーと鳴る。

森繁さんは前武さんをかえりみて、

「時間ですか？　もうちょっと長い話をしてもいいんでしょうか？」

待ってました、とばかり、前武さんが答える。

「どうぞ、いくらでも！」

どっと拍手が湧く。

「一体、《ふじやま丸》は、どこまで航海して来たのか、とよく聞かれます。実は、日本をグルッと回ったぐらいのものなんですが、一回だけ、サイパンの向こうまで参りました。赤道に五百マイルぐらい近いところにサトワルという島がある。

そのサトワルの土人が……今、土人と言っちゃいけないそうで、土着の人が（笑）、六人でカヌーを漕いで、沖縄の海洋博を表敬訪問するという。アメリカ政府に申し出たところ、伴走する船があれば許可しようと言うんで、ある人が、あんたの船を貸して呉れ、と言って来た。たまたま、《ふじやま丸》は遊んでいましたから、いやあ、こりゃ、渡りに船だ」（笑）

ここで森繁さんは、船の賃貸料を一千万円から切り出し、遂に百万円にまで値切られ、一方、船の手入れ、帆の新調に大枚八百万円を投じたにもかかわらず、その百万円も、とうとう行方不明……の経緯《いきさつ》を、抱腹絶倒の話術で開陳し、話は一転、サトワル島の住人達の優雅な生活と、沖縄表敬航海の冒険譚へと移って行く。

「このサトワルという島は、環礁に囲まれ、一切の文明から縁が切れている。だから六人のカヌーにしてみたら、月世界へでも行くようなつもりで漕ぎ出したわけで、もちろん、コンパスもなんにも無い。ただ、足を水の中に漬けて、ラダーを押え、この足の感触と、あとはなんでしょうか、星を見たり雲を見たり、ときどき指をこんなことをしたり……それでもカヌーは、目的地に向けてどんどん走る。最新の航海計器を積んでいる《ふじやま丸》の針路とピタリ一致している。

これが、どうしてだか判らない……」

「サトワルという島では、男がなーんにも仕事をしない。ただ、朝起きて、ブラー、ブラーッとしている。女は芋掘りに行ったりなんかしてるんですけれど、よくまあ、あんなに、なんにもしないで生きていられるな、というところに一カ月いました。で、仕事はと言えば、朝、百本ばかりある自分の椰子の木のうちの五本ぐらいに登ってですね、実のところを切ってビンをぶら下げてくる。

これがポタ－ポタと落ちて、赤道の太陽に蒸されて、三時頃には酒になる（笑）。アルコール分は三％ぐらい、三時になると酒が解禁になり、皆これを下げてニッパ・ハウスに集まって……なんの話もないでしょうねえ、世界情勢もなければ（笑）、アフガニスタンもない。ただもう飲んでいると夜になる。

それから歌が始まる。教育制度のないところですから、サトワルという島はどうして出来たか、祖先たちは、どんな冒険をしたか、全部、歌で教える。

そして、最後に軍歌を歌う。日本人は、軍歌と言っても、たいてい一番までで、二番になると、もうよく歌えない。サトワルの人は、五番まであれば、五番全部歌う。誰かが酋長のそばへ行って、

『酋長、エーそれでは、〝ああ堂々の輸送船〟を歌いたいと思いますが……。』

すると酋長は、嗄《しわが》れた声で、アーア、堂々の輸送船……（笑）。ところが、酋長より大きな声を出してはいけない、というのが島のおきて。酔ってるんだから、大声を出したいのに、ぐっと抑えて、アーア、ドウドウのユソーセン……」

マイクに顔を寄せ、かすれた声で歌う森繁さんの絶妙な声体模写に、一座は爆笑の渦。

「ある日、カヌーから《ふじやま丸》へ、トランシーバーで、何かおいしいものはないですか、と言って来た。じゃ、今日は、缶ビールをご馳走しようと思って、船を寄せて渡してやると、彼等には〝冷たい！〟という感覚の経験がない。缶ビールが、冷たい！ということだけで歓喜の極！『ハーッ、ダーッ』（爆笑）。冷たい缶ビールがおいしくて、おいしくて、それからというものは……」

そこで森繁さんは、サトワル人の抑揚を真似た奇妙な日本語で、

「缶ビール、アリマセンカ！ 缶ビール　ハ　アリマセンカ！」（爆笑）

「それは、あんたたちが沖縄に着いたら、浴びるほど飲ませてやるから……（笑）。連中がやっと沖縄に到着しました時、新聞その他は、非常な勇気ある行動と誉めそやしたわけでありますが、実は彼らは、缶ビールを飲むために、沖縄に着いたのであります（爆笑）。田辺さん、おめでとうございます」

万雷の拍手のうちに、森繁船長、壇を降りる。

誰かがつぶやく。

「こりゃ、一万円の会費は安いや」

拍手の鳴り止むのを待って、前武さん、

「さて、ここで、著者の田辺さんが皆さんにお詫びの言葉を……いやいや、ご挨拶を申しあげます。あんまり極端でない拍手をお願いします。なにしろ、高齢なので、感激のあまり心臓発作でも起こされると迷惑ですから、ソーッと拍手を」


紺のブレザー、淡青のズボンに白靴、ピタりきまったシーマン・スタイルで登壇した著者は、五尺六寸十六貫、メルボの既成服が良く似合う典型的な日本人の標準体形である。髪形は——奇しくも——慎太郎刈り、加えて、過度にハンサムでない童顔のせいか、実際より十歳は若く見える。かたわらに、つつましく控える夫人は、さきの前武さんの紹介の通り、司葉子を若くし、必要な肉をつけたような、恐ろしい美人である。燃えるようなバーミリオンのロング・ドレスにスラリとした長身をつつんだ夫人が、もし、一緒に壇上に立ったら、遠慮ないヨット仲間は、手を打ってよろこんだであろう。

なにしろ、どう見ても、著者の背丈は夫人と釣合わない。著者は常々、家内が自分より背が高く見えるのは、ハイヒールと髪形のせいだ、と強弁しているが、言うまでもなく、女性にあっては、ハイヒールと髪は背丈のうちである。壇に登らぬ夫人の配慮を知ってか知らでか、著者は興奮の面持で挨拶を始める。

「五十年の半生の間に、私は多分、トラックに一台分ぐらい、『謹呈——著者』と書かれた諸先輩のご著書を頂戴いたしました。いつの日か私もまた、『著者謹呈』と書いてみたい、というのが私の積年の夢でありました。

本日、皆様にお持ち帰りいただくために、二百冊の本に、半日掛かりでサインをいたしました。そばで見ていた集英社の方が、お疲れでしょう、と言われましたが、私は生まれてから、こんな幸せな作業をしたことはありません」

なにしろ、出版記念会の著者は婚礼の花婿、葬式の日の死体である。会衆は忍耐強く、静粛に、独り感激する著者の言葉を謹聴する。

「男が一生のうちにしなければならぬことが三つある、というチリーの古い諺がありますが」

著者の魚の話《フイッシュ・ストーリー》——ホラ話——に馴れているヨット仲間は、深く原典の穿鑿《せんさく》などせず、うなずいて、先をうながす。

「子供をつくること、樹を植えること、本を書くこと……」

著者は続ける。

「今、第三項を果たし、私は最早、人生に思い残すことはありません」

「大袈裟なことを……」

誰かがつぶやく。著者はハッと気がついて、謝辞に移る。

「今日ここに、ぜひ居ていただきたかった一人の方がおられます――亡くなられた花森安治さんです」

一座はシンとなる。

「私にものを書く機会を与えて下さり、厳しい選考でしごいて下さった花森さんがおられなかったら、今日の私はありません。今日はここに、『暮しの手帖』の社長の大橋鎮子さんが見えておられます」

著者は、室の一隅を見つめ、深紅のネッカチーフ、紺のブレザー、薄色のパンタロン姿の女性に、万感をこめて頭を下げる。大橋社長が礼を返す。一斉に拍手が湧く。心のこまやかな、すばらしい来会者達である。

著者は謝辞を続ける。

「出版まで、無理矢理に私――と出版社――を引っぱって下さった石原慎太郎さん、集英社からの出版を快く許して下さった『舵』の土肥社長、そして、……」

ここで、著者はとんでもないことを言い始める。

「もう一人、この本の出版の陰の協力者に感謝を捧げることをお許し下さい――ここにおります家内です」

会場はアッケにとられる。

何という厚顔。こんなところでまで、カミサンにお点を稼ごうというのか！　だが、著者のシーアンカーはすでに働かなくなっている。横波を受け、横転転覆を避けるべくもない。

「彼女は、やさしく、穏やかに私を励まし、この本の誕生に協力してくれたのでは、、、、、、ありません。その逆であります」

会場に戦慄が走る。

「彼女は、常に、私を叱咤《しった》し、酷評し、生来の怠け者である私の尻をひっぱたき、興奮性の私を一喝して正気に帰らせ、かくて見事にゴールへ連れ込んでくれたのであります」

著者は、あちこちのポケットを慌ただしく探し、何やら紙きれを引っぱり出す。R・L・スチーブンスンが、愛妻ファニーに自著を捧げた時の献辞、という文章を、著者は——恥ずかし気も無く——会衆と夫人の前で読みあげる。

「……この書を御身に捧ぐ。これは御身のもの。剣を研ぎ、消えかかる石炭の火を吹き起し、標的をいやが上にも高くかかげ、讃め言葉を惜しみ、忠言を惜しまざりし者——そはほかならぬ御身なりし故に」

慎太郎さんが憮然としてつぶやく。

「こりや、やり過ぎだ。奥さんをあんなに持ちあげてしまって、後で困らんのだろうか」

茜色の地にアクア・ブルーのヨットを散らした服が良く似合う、元気いっぱいの著者の二女リマさんが、可愛いい丸顔を上気させ、母親の傍らに走り寄る。

「パパったら、とうとうやっちゃった！　私どうなることかと思って、テーブル・クロスを握りっぱなしだったわ！」

「いいのよ」

と、夫人は少しも動じない。

「パパはね、あのスチーブンスンの言葉を、どうしても一度、どこかで使いたくって仕方がなかったんだから」

そこへ、またもや、思いがけぬ「時の人」が現れる。満身是胆《これたん》、気迫をあたりに漲《みなぎ》らせ、陽やけした丸顔、グレイの上着に紺のズボン、空色のYシャツ、ブルーのタイ、作家又は剣豪を思わせるオールバックの髪、日米自動車戦争の台風の眼、自動車総連の塩路一郎会長である。

(須破《すは》、何事か!?)

と部外者は仰天するが、ヨット乗り達は少しも驚かない。

塩路さんは、佐島に舫う《SOLTAS》のオーナー、NORCの理事である。著者と久闊を叙する塩路艇長を司会者がうながす。

「塩路さーん、三文作家といつまでも話をしてないで、日米自動車問題について二時間……のところを、三十秒ほどお願いします」

「二時間だと楽だナ。三十秒のほうが辛いですな」

と塩路会長、笑顔で登壇。

「田辺さんとも永いつきあいですが、この出版記念会が近づくにつれて、田辺さんの顔がだんだんたるんで来る。もともと、おこった顔を見せぬ人ですが、田辺さんがこんなにニコニコ顔をするのは見たことがありません」

あちこちでクスクスと笑い声。

「たるみっぱなしだもんナ」

「ああなっちゃイケナイ」

出版記念会をしたことのないヨット乗り達は口さがない。

著者の旧友らしい半白長身の紳士が、傍らの奥さんにこんなことを言うのが耳に入る。

「彼は結婚式の日も、あんな顔をしていた」

塩路艇長は続ける。

「……アメリカの労働界の代表を連れて来ただけなのに、マスコミが必要以上に自ら騒ぎ過ぎて、そして、騒がしたのは塩路だと言う。挙句の果てに、あなたは何故、ヨットを持ってるんだ？何故、ヨットに乗るんだ？——こういう質問に対して、格好の説明資料ができました。『はきなれたデッキ・シューズ』です。海のロマン、男のロマンを、これほど平易に書きあげた本を私は知りません」

海軍機関学校仕込みのつやのある、透る声。ここで絶品の〝船歌〟が聞けぬのが残念だ。

「田辺さんと共通の友人で、実は三人共メンバーである昭二会、昭和二年の会の城山三郎さんと昨年でしたか話し合った時、お互いに好きな言葉を言い合ったことがあります。城山さんは、こういう言葉を言われた。

静かなるものは　すこやかに
すこやかなるものは　遠くまで行く

すばらしい言葉だと思います。これはそのままヨット乗りの心です。いや、ヨットだけではなく、人生のすべてに当てはまる言葉だと思い、この言葉を田辺さんに申し上げ、祝辞としたいと思います」

さてここで、奇妙なヴォーカル・グループがマイクを占領する。名づけて〝朝風一家〟――会場を間違えたのではないか!?

「かつて私はプロの歌手の司会をいたしておりました。このような凄まじい集団の司会をせねばならぬとは……」

前武さんは絶句する。

《潮風》V世のオーナー、シイラこと竹下政彦さん。《レディ・エル》のオーナー、ジューイこと福吉信雄さん。《タキヨン》のポンチ、こと高村孝さん。そして、《二日酔《ハングオーバー》》の植木勝水姐御。

前武さんは、輝くひたい、見事なカイゼルひげを鼻下にたくわえたリーダー格の竹下老にマイクを突きつけ、「なぜ、シイラという仇名なんですか？ おでこの形ですか？」

会衆の中から声あり。

「何でも食べるからだ！」(笑)

「ナルホド、土佐衛門の下にいることもありますナ」とつぶやいて、前武さん納得。ついで、植木女史の顔を見ながら、一言多く、

「こちらの仇名〝オカチ〟は、勝水《かつみ》の愛称でありまして、決して……メンコではありません。では、何をお歌いになりますか？」

シイラ老は眼を細め、落ち着き払って答える。

「フランスの古い船歌、〝プチ・ナビール〟、小さな船、を歌います」

「……だそうでございます。伴奏は予算の関係でございません……というのは言いわけで、伴奏がありますと、音程の違いがあまりにも露骨になりますので……」

《サンバード》の山崎達光オーナーが、マイクを奪って全員に警告する。

「この歌を聞くと、私は三日間はものが食べられません。初めての皆さんは、多分五日……」

前武さんがマイクを取り戻す。

「歌で気分の悪くなる前に、飲んで悪くしてしまった方が……さっきの森繁さんのお話の通り、民度の低い国では、歌でいろいろ表現いたします。その表現をお聞き下さい」

シユラメーメーメーメデテレネ
オエオエー　オエオエー

司会「無事に歌が終りました。私が聞いた、どこの国の言葉でもない歌でした。竹下さん、何語なんですか」

シイラ老、憐憫《れんびん》の情をこめて、

「フランス語です」

司会「花束が贈呈されます。この次の機会は可愛いい二人のお嬢さんの結婚式、それ以外にはとても考えられぬ感激の一瞬です」

「舵」社が今まで、一度も著者の眼に触れさせなかった（あんな狭い事務所の中の、どこに隠しておいたのか）スラリと背の高い、可愛いいお嬢さんが、これまたちゃんと心得て、壇に登らず、花束を手渡す。

司会者「田辺さんは、花束は一つと思うでしょう。ところが……」

突如、会衆の中から、白い稲妻のように現れた美女、あわてふためく著者の腕に花束をほうり込むや、首に腕を回わし、ひしと抱きしめ、頬に熱烈なキスをする。

会場は騒然となる。

いつもキレイごとばかり並べていた《蒼竜窟主人》にしてこのことやある？

一人落着き払った前武船長、

「〝フランシーヌの場合は、あまりにも可愛そう〟というわけで、奥様が特にお頼みになったお友達、白樹栞さんの花束贈呈でありました……のではありますが、これからどうなりますことか、奥様もムリしてニコニコしておられます。あれあれ、田辺さん、右舷《スタボー》の頬に真赤な口紅が……。右舷灯は緑の筈ですよ。左舷《ポート》と右舷《スタボー》を間違えましたかナ。ではここで、著者の感涙にむせぶ謝辞を、えんえん二分間、お願いします。奥さまも、キス抱擁の件は帰ってから——今はグッと抑さえて、こちらにお立ち下さい」

「こんなに……こんなに……」

著者は今や、しどろもどろである。

「……わが生涯の最良の日です、いやいや……」

傍らの夫人を顧みて、

「……結婚式の日に次いで、と申すべきでしょうか……ヨットの方々だけでなく、昔の、古い友達の皆さんまで、こんなに集まっていただいて……今後、一生懸命頑張って書き続け……と言うべきなのでしょうが……何しろ、私はヤドヤの主人でございますので、ますます社業に専心、塩路会長傘下の従業員の福祉に貢献し、万一余裕がありました場合のみ、文筆にも精を出し、『舵』の売上げにも寄与したく……何を申しているのか……本当に本日はありがとうございました」

司会「……と著者は言っておりますが、お隣りのバースで見ていますと、ホテルが忙しい筈の日曜祭日にも著者はちょくちょくハーバーへお見えのようで。そのためでしょう、会社は繁栄を極めております。

著者の署名が入りますと、本は古本屋で高く売れますのやら、安くなりますのやら、著者次第ということでございます。その点、著者の気持を尊重して敢えて触れず、お帰りがけに、著者署名入りの『デッキ・シューズ』を一冊ずつ、お持ち帰り下さい。今日は皆様、ご苦労さまでございました。では、新郎新婦お開き口の方へ……」

第十一話　一切の抗議を認めず

それは真に男らしいレースである。

競技規則は——レーティングも含めて——競技委員会《レース・コミティ》が勝手に決める。だいいち、レーティングは公表しない。

着順についての抗議は一切拒否する。

もちろん、これでいいのである。

誰も、頼むからぜひレースに参加して欲しい、とは言っていない。嫌なら出なければヨロシイ。

朝から大雨。

レース前から、すでにひとレース済ませたみたいにオイル・スキンから水滴をしたたらせたオーナー、スキッパー連中が続々とクラブ・ハウスでの艇長会議に集まって来る。

一体、この雨の中でレースをやるのか、やらないのか……などとは誰も言わない。海賊と言うよりはむしろ山賊然とした面魂の平野レース委員長は、レースの中止は多数決で決める、と口の中でつぶやきながら、手早く、容赦なく、三千円の出場料《おとしまえ》を取り上げる。

そうしておいて宣言する。おとしまえは如何なる理由があっても返却しない。なぜなら、すでに表彰式並びにパーティー会場は予約済みであり、料理も注文してしまった。たとえレースはやらなくてもパーティーは決行する。賞品は山分けにする……なるほど、これは山賊である。

レース委員長が声を張り上げる。

「NORCの沿岸レースが一一〇〇《ヒトヒトマルマル》にスタートする。わが方は、一一二〇《ヒトヒトフタマル》。ほぼ同時に行なわれるので混同を避けるため、各艇はレース旗の代わりにクラブ旗を掲揚すること」

ブーブーとざわめき。

委員長、ここぞとばかり、「クラブ旗を持っていない艇は、一枚千五百円で、ここで販売する」

レース委員長が商売を始めた。


一生懸命に謝って回っている人がいる。《サンスピナー》の森村艇長だ。

「どうも済みません。わが艇がたまに出場するものですから、こんな大雨になってしまって……」

森村さんは、私にもそう言って謝る。

たまにしか出場しない森村さんは、私の《蒼竜》の方が《サンスピナー》よりも、ずっと稀れにしかこのレース——シーボニア・ヨット・クラブ主催ファミリー・レース——に出場しないことを知らない。私の横で、常連の出場艇のオーナーがつぶやく。

「《蒼竜》の出場のせいだけにしては雨量が多過ぎると思っていたが、なるほど、《サンスピナー》と二隻分の雨か、ヤレヤレ……」


風は真追手である。

一一二〇《ヒトヒトフタマル》のスタート時刻も間近く、レース艇は気負い立ってスタート・ラインの手前の海面を右往左往する。わが艇のスキッパー細川クンが笑い出す。

「オーナー、あの艇長会議は、大体ですよ、時計のシンクロナイズ（時刻合わせ）さえしなかった。今、正確には何時なんですかねえ」

私は権威をこめて叫ぶ。

「シンクロナイズ・ウォッチ！」

コックピットのみんなが、雨に濡れた腕をつき出し、口々に唱える。

「一一一五《ヒトヒトヒトゴー》！」「一一一八《ヒトヒトヒトハチ》！」「一一一四《ヒトヒトヒトヨン》！」「一一二二《ヒトヒトフタフタ》！」

間髪を入れず、私は叫ぶ。

「Approximately all right. レッツゴー！」

観音に帆を開いた各艇が、一斉にマーク・ボートの脇を通過する。

ファミリー・レースでは、スピンは使わせない。ひと息おいて、《蒼竜》も後を追う。マーク・ボートの上に仁王立ちのレース委員長を認め、説明のなかった競技規則の詳細を大声で質問する。

「平野さーん！ スピン・ポールも使ってはいけないんスカーッ？」

委員長、ちょっと考えてから、

「まあいいだろう！ まけておくーッ」

一隻の大艇が色鮮かなスピンを揚げて、そそくさと通り過ぎて行く。細川スキッパーの見解。

「沿岸レースの方へ出る筈の艇が、時間を間違えたナ。『失敗《しま》つた！　一一二〇《ヒトヒトフタマル》はファミリー・レースの方だ。沿岸レースは一一〇〇《ヒトヒトマルマル》だった！　急げっ。』てな具合……」

この艇の名は伏せておく。

一方、沿岸レースへ出ると言っていた《K7《ケイセブン》》が、こちらはスピンを揚げず、観音開きで前を走っている。

「アリャ、《K7》はファミリー・レースに乗り換えたな」

「オーナー、さっきオーナーが《K7》の栗林《オーナー》さんに、こちらのレースの方が賞品が好いですよ！って吹込んだのがいけないんですよ」

振り向くと、不思議なことに、一隻の艇が後方に見える。

「《蒼竜《うち》》より遅い艇がいる！」

《蒼竜》の甲板に歓声が湧く。それを知ってか知らでか、件《くだん》の艇は、ゆっくりと、だが確実に、《蒼竜》を追い越して行く。

それでも先航する集団と付かず離れず、一二〇〇《ヒトフタマルマル》、亀城礁の灯台沖を通過。

雨は降っては止み、止んでは降り、追手の微風は瀕死の病人の呼吸のように、不規則に強まり、弱まる。空腹である。

「パーティーではふんだんに食わせるから、昼食は控えるように……」

艇長会議での平野委員長の説明を真に受け、一同、グッと食欲を抑える。時計合わせさえしなかった艇長会議において、この点は繰り返し強調された。

先頭を切った大艇が、折り返し点の亀城沖実験標識塔を回る。名にし負うアドミラルズ・カッパー《サンバード》である。一〜二艇身の差で、同じくアドミラルズ・カッパー《ビグ・アプル》が回り、心地良くヒールしつつ、信じ難い高速で左手沖合を反航し去る。

「きっと、あの辺まで行けば風があるんだろう」

誰かがいささか自嘲的につぶやく。一同沈黙。

船齢十六年、当時約百万円で進水した《蒼竜》と、世界ヨット・レース界の雄、アドミラルズ・カッパー時価ン千万円の《サンバード》乃至《ビグ・アプル》とが、なぜ家族的《ファミリー》に競走せねばならぬのか。

判らぬままに、両艇は水平線の彼方へ。

一二一五《ヒトフタヒトゴー》。ゆっくりと、孤独に、実験標識塔を回る。あたりには漁船の影のみ散見する。

「ヤアー、驚いた。太陽電池がついてる！」

近くで見ると、文字通り、見上げるばかりに大きい標識塔のてっぺんを指して誰かが感嘆する。

「なるほど、あの針金の束は鳥除けか……」

ウチのクルーは、こういうメカに眼が無い。

多分、この雑談で数秒損する。それでも彼らは、できたら、もう一回りして、もっとよく観察したい風情である。ゴルフでも、やあ、今日の富士の眺めはすばらしい、などという閑雅な感懐の持主のスコアーは一般に冴えない。

風が出て来た……いや、風が出て来たのではなく、今までは追手で感じられなかった風が、横風《アビーム》で上り始めたので感じられるに過ぎぬ。

船尾《スタン》の波音が高まり、ひとしきり、パラパラとオイル・スキンに雨滴の音。メンセールが集めた雨水が、ブームの端からチョロチョロとしたたり落ちる。沖は暗く、陸岸は低く白い雨雲におおわれ、見わたす限り、ヨットの影は見えない。改めて、この十数年のヨット設計技術の進歩の激甚さを痛感する。


クルーの勇戦敢闘でレースに勝てる時代は終った。神々と英雄の時代は去ったのだ。

一三〇〇《ヒトサンマルマル》。今はもう秋、ダーレも居ない海……降りしきる雨、煙る陸岸、いつまでたってもハッキリと視界を去らぬのは、過ぎて来た標識塔の黒々としたシルエット……。風が徐々に力を増す。

「みんながフィニシュした直後に、ドーッと吹き出さないかナ」

「そうすればレーティングがものを言う。それ以外に希望はない……」

こんな時に限って、コーヒーを切らしている。

ジンはあるが、ライムが無い。ウイスキーはあるが、氷が無い。パーティーのご馳走を考えれば、飯をつくるのも業腹だ。止むなく、シイラの歌を歌う。(注)

一度も航海に出たことのない
小さな船がありましたとさ。

彼女は地中海へと、大航海を
くわだてましたとさ。

五、六週間たったら、食べるものが
なんにもないことに気づきましたとさ。

そこでクジ引きをして、
誰をはじめに食べるか、決めることに
なりましたとさ。

……

フランス語の歌詞を書いた楽譜の上に、雨滴は休みなく降り続け、陽気な筈の船歌も、心なしか、陰々滅々として波間に消えて行く。

西の空が明るい。

今や目標は先航の他艇ではなく、一四〇〇《ヒトヨンマルマル》のタイム・リミット。派手なスピンに風をはらんだ大艇が前方から近づいて来る。平野委員長の命を受け、《サンバード》または《ビグ・アプル》がレース放棄を勧告に来たのか!? いや、今のレースに関係ない《トーゴ》。快速でたちまち消え去る。

一三四五《ヒトサンヨンゴ》、《蒼竜》は悠々、タイム・リミットに十五分を残し、フィニシュする。

直ちに表彰式場へ。一艇に付き、一皿の料理を給付される。意外ではあったが、ロータリー・クラブのメイキャップ並みの会費とあっては、これも止むを得ぬ。希望を賞品に託す。

「ただいま、着順を独断と偏見により計算中」

と平野委員長。通りすがりに、私の耳許で、

「《蒼竜》、良い線、良い線！」

「良い線!? どうして?」

《蒼竜》の後に五隻もいる」

「そんな筈は無い。後には一隻も見えなかった」

「スタートしなかった艇が五隻もいるんだ」


《朝焼け《モルゲンロート》》の矢口ドクター夫妻を見掛ける。

たしか、艇長会議では、ドクターは元気良く、ハイツと点呼に答えていた。だが、レース中、ついに《モルゲン》は見掛けなかった。前または横から見て船体の赤い艇はいくらでもいるが、船体は赤くても船尾板《トランサム》の黒い艇は《モルゲン》だけだから、常に後から追っていた《蒼竜》から見落とす筈はない。

「ドクター、出場なさらなかったんですか? あんなに元気にハイツて良いお返事をしていたのに……」

ドクター、しおしおと、夫人を見る。《モルゲン》では、ドクターがオーナー、夫人が艇長《スキッパー》だ。

或いは逆か? 夫人、ニッコリ笑い、

「衆議一決です」

「何が衆議一決なのですか?」

「この雨では止めよう、と衆議一決……」

「お二人の衆議一決ねェ……。イザヤ・ベンダサンによると、ユダヤじゃ、全員一致の結論は採択しないそうですよ。脅迫が行なわれた懸念があるからって」

委員長が近寄って来る。

「前言訂正。どう計算しても、やっぱり、《蒼竜》の修正上位はムリだなあ」

「まあ、そうおっしゃらずに、委員長、いっぱいいいかがですか」

「いただくかな……いや、待てよ、止めておこう。これはどうも供応くさい」

（注）シイラこと竹下政彦艇長率いる《潮風》一家の愛唱歌。仏文の歌詞は次の通り。

Le Petit Navire.

1.

Il était un petit navire (bis)
Qui n'avait ja-ja-jamais navigué. (bis)
Ohé! Ohé! Ohé! Ohé!

2.

Il entreprit un grand voyage (bis)
Sur la mer Mé-Mé-Méditerranée. (bis)
Ohé! Ohé! Ohé! Ohé!

3.

Au bout de cinq à six semaines, (bis)
Les vivres vin-vin-vinrent à manquer. (bis)
Ohé! Ohé! Ohé! Ohé!

4.

On fit tirer la courte paille, (bis)
Pour savoir qui, qui, qui serait mangé. (bis)
Ohé! Ohé! Ohé! Ohé!

第十二話　肩を振る

理由はよく分からないが、私の艇のクルーに某航空会社の技術者が沢山いる。もっとも、はじめは一人だったが、芋づる式に仲間を連れて来て、それがみんな居ついてしまった。私の艇には、何か、航空会社の技術者の居心地の好い雰囲気があるらしい。余得として、彼らが、稀れに、妙齢のスチュアデスを船に連れて来ることである。ただし、極めて稀れであって、私は心の中で、技術者はスチュアデスにはもてないのではないか、と危惧している。

もっとも、考えてみれば、技術者はメンテナンス・センターなどという工場にかたまっているのだから、スチュアデスと関係を持てぬ点は、私と大差ないのかも知れない。

ヨット乗りなら誰も知る如く、快晴微風の日のヨットの上は、あらゆるスポーツの中で最も暇な場面である。

レース艇はいざ知らず、行方定めぬ波枕のブルーウォーター派の私の艇では、風向きを見定め、一番よく走りそうな方向に進路を決め、帆を調整《トリム》し、シートをクリートしたら、後は風が変らぬ限り、することはない。ヨット乗りがみんな太り出すのはこのためである。

では何をしているか、と言えば、もっぱら肩を振っている。

〝肩を振る〟というのは船員の言葉で、無駄話をするという意味である。学生言葉なら、駄弁《だべ》る、ということになる。ヨット乗りは、意外にこういう船員のスラングを知らない。

伝統のあるスポーツには、それぞれのスラングがある。

山登りの連中は手洗いに行くことを、キジを撃ちに行く、という。これはなかなか好い。テントの夜半、ちょっとキジを撃ちに行ってくる、と言って立ち上がれば一〇〇％に上品である。

ついでだが、ワンダーフォーゲルの連中は、深いヤブの中を無理矢理に突き進む時に、やぶを〝漕ぐ〟という。これは実感が出ている。この言葉は加藤諦三さんから教えられた。『俺には俺の生き方がある』、その他のベストセラーの著者、東大のワンゲルのＯＢで早稲田大学の若き教授である。

加藤さんは、シーボニアに《モントゼー》というスループを持っている。《モントゼー》というのはオーストリーはザルツブルグの近くにある美しい湖の名である。加藤さんも、私も、その湖を見たことがある。お互いにそのことが判って、思わず肩を叩き合った。私は昼間に見たのだが、ロマンチックな名前から推して、月明りの夜の風光がすばらしいに違いない。ドイツ語で「ゼー」とは、海または湖、「モント」は月だ。

海と山のスラングを語り出せば尽きないが、これらは決してミックスされることはない。アルピニストがテントの中で〝肩を振る〟とも言わぬだろうし、ヨット乗りが、ちょっと失礼してトランサムから〝キジを撃つ〟とも言わぬのがお互いの見識だ。それぞれに伝統と誇りあるスポーツである。

艦船・航空機の話に目の無い私は、時々、飛行機の事故があると、次にヨットに乗る日が待ちどおしくなる。内情に精通した専門の技術者のあけすけな解説が聞けるからである。みんな陸にいる間は何食わぬ顔でセッティングして船を出すが、沖に出て陸岸が遠くなると、私が、

「そろそろいいだろう、ここなら誰にも聞こえない」

と切り出す。

連中も私が切り出すのを待っている。

「DC10という飛行機は本当のところどうなんだい？」

もちろん、これから先は書くわけにはいかない。船の上での打ち明け話は、陸を踏んだらすべて忘れる、というのが、《モーニング・クラウド》のヒース元英国首相一党のみならず、心あるヨット乗りのエチケットだ。


そんなわけだから、私が海外旅行をする時などは、国賓待遇である。私が乗る便名を知らせれば、エンジンの鋲一本、心をこめて締めておいてくれるものと期待している。

従って、このあいだのある飛行機のように、離陸したらエンジンが片方落ちてしまったりする心配はない。

「ちゃんと前以って連絡して下さいよ、オーナー。私達がチェックしない機に乗ってはいけませんよ」

これはもちろん、冗談である。いっか、内緒でオペレーション・センターを見学させてもらった時は、ラインのあっちこっちから、あっ、オーナー！と新旧のクルー達が集まって来て、ちょっとした〝院長ご回診〟の気分を味わった。

いつだったか、航空会社のスチュアデスがストに入り、已《や》むなく事務系の管理職者がにわか仕込みのスチュアードとして機内サービスを代行したというニュースを新聞で読んだ次の日曜日、私は先任クルーのT君（特に名を秘す）に尋ねてみた。

T君も、件《くだん》の航空会社のジェット・エンジンのエクスパートだ。

「どうだろう、俺にスチュアード、勤まらないかな。案外向いてると思うんだが……」

T君、ちょっと考えてから、いつものクールな表情で、

「思いますね」

と一言《ひとこと》。

T君は無口だが、呑みこみが早い。説明不要である。一方、私は、すっかりしゃべらねば止まらぬ性《たち》だ。そこで続ける。

「サービス業に携わること二十五年、旅館業経験七年、都市ホテルの経験もあるし、第一、乗りものに酔わない。身心共に忍耐力抜群……」

T君はここで深くうなずいた。

世の中に、旅館のおやじとヨットのオーナーくらい、忍耐力を必要とする商売はない。

「ヨット乗りのはしくれだから、カクテルも作れるし、葡萄酒も判る。ユーモアを解する。ご婦人には慇懃《いんぎん》、救急法も心得ている……こう考えてくると、ヨット乗りとスチュアードの適性はピッタリじゃないかナ」

「たしか、スチュアードには年齢制限があったと思いましたが……」

とT君はあくまで冷静だ。

「それは時代錯誤《アナクロニズム》だ。老齢者への職場の開放は国策だよ」

「分かりました」

T君は社長みたいな返事をした。

ヨットの上の肩振りには責任がない。私はちょっと心配になって、

「もっとも、語学力に問題があるかな?」

「ないでしょう。スチュアードの会話に必要なボキャブラリーは限られています。ウチのスチュアデスなんかオーナーよりももっと下手ですよ」

「これはご挨拶……」

「この間もウチの国際線で……」

この抱腹絶倒の話は、その航空会社のスチュアデスの名誉にかかわるから、ここには書かない。

第十三話　完璧な晩餐

ある夏の夕方、「一軒」おいて隣りのバースに憩う古風なケッチ《マイグレーター》のオーナー、バークレーさんから声が掛かった。

「タナベさん！ 今夜、晩飯を一緒に食べませんか！」

バークレーさんは米人だが、在日歴が長いから、上手に日本語を話す。

「でも……、いいんですか？」

「勿論！ 今夜はウチも二人だけだから……」

「じゃ、お言葉に甘えて」

夕暮れ時、白い長ズボンにはきかえて、《マイグレーター》の短い舷梯を昇った。

コックピットの中央に、ピッタリと収まる折たたみ式のテーブルは、バークレーさんの手造り。その上に、紺と赤の地に、白い錨を染め抜いたクロスが三枚、すでにキチンと置かれている。

「やあ、ステキじゃないですか！ どこで買われたんですか」

「売ってませんよ。生地を買って、私が仕立てたのよ」

この船のチャーミングな女主人役のジュンさんが笑って答えるのを、バークレーさんが引き取って、

「タナベサン。あなたの船では、後甲板で食事をする時、テーブル・クロスを掛け、ナプキンを使うって、もっぱらの噂ですよ。私達が真似しているんですよ！」

テーブル・クロスにナプキン？ あのボロきれが！ 私は赤面する。

ジュンさんがギャレーから次々に運んで来るメニューは、まずグリーン・サラダ。ドレッシングはフレンチ。次はホカホカと湯気の立つビーフ・シチュー。それにニンジンもインゲンも、ポテトまでついている。そして——うまい！

「こりゃ大変ですね。お手数掛けて済みませんねえ」

バークレーさんが笑って、

「タナベさん、全部インスタントですよ」

ジュンさんも、

「袋に入って調理されちゃってるの、ポテトもキャロットも。お湯に袋のまま入れて温めさえずればいいの」

私はうなった。

「ウチのクルーを見習いに来させますよ！　これがインスタントなら、一体、ウチの船じゃ今まで何をやってきたんだろう！　畜生！　まだ戸棚にいっぱいインスタント・ラーメンが残ってた筈だナ」

夕暗が迫り、トロリとしたポンドの水面に、茜色《あかね》の夕焼けが映ってゆっくりと揺れている。かすかな微風が肌に快い。よく冷えたスペインのグリーン・ワインの杯を片手に、私は、ふと黙って、林立するマストの彼方の、夕焼けの空を眺めた。

（完璧だ。完璧な晩餐だ！）

ヨット。夕焼け。微風。夏の夕暮れの温気《おんき》。よく冷えたワイン。簡素で美味《おい》しい食事。そして、心の交《かよ》い合う海の友達。

人生に、これ以上何が要るだろう！

パリのマキシムの晩餐とも、ラセールのそれとも、今のこの一刻を交換する気はない、と私は心の中で考えていた。多分、マキシムもラセールも私に同意するのではないだろうか。

言葉少なく語り合いながら、私達は、いつまでも、いつまでも、コックピットに坐り続けた。

刻一刻、夕闇は濃さを増し、水面の茜色の反映が消え、紺色に暮れ始めた高空に、キラリと金星が光った。私はふと、（これがしあわせというものかも知れない）と思った。

どうして、われわれ日本のヨット乗りは、もっと、こういう貴重な〝時〟を、自分達の船の上で過ごさないのだろうか——人生は短いというのに……。

繰り返し礼を述べて、《マイグレーター》の舷梯を降りて振り仰ぐと、頭上はすでに満天の星だった。

第十四話　冬の夜のキャビン

冬の夜のキャビンは寒い。

二重の木板《もくはん》の船体を透して、真冬の海の冷気が、しんしんと滲みとおってくる。小さな石油ストーブに火を入れ、ヤッケの襟を立て、毛布を腰に巻いたクルー達は、それぞれ、お気に入りの片隅に陣取り、思い思いの姿勢でウイスキーの杯を乾してゆく。

時々、思い出したように、轟《ゴウ》、と風が吠え、海図室《チャートルーム》とコックピットを隔てたよろい戸を鳴らす。冷気がすっと室内に流れ込む。きっと空には、凄まじいばかりの冬の月がマストの上にかかっているだろう。風の叫びと共に、一斉に星がまたたいていることだろう。

この風は、明日は止むだろうか。明日の帆走は地獄か、極楽か……。

少しずつ、部屋の空気が暖まり、気分が和んでくる。アルコールがまわり、下戸の煎れたコーヒーの香りが室内にただよい、若者達の語らいはいつ果てるとも知れない。

繰り返し、繰り返し、黒潮の流れを越えて、南の島に遊んだ航海の思い出。あの時の荒天《しけ》の激しかったこと、船酔いの辛かったこと。寒さ、暑さ。釣り落とした、或るいは、釣り上げた魚の大きかったこと。その時、たちまち消えてゆく銀鱗の輝きの儚《はか》なさ、美しさ。

「あいつ、どうしているだろうなあ、ほら、あの頃いた……」

そしてまた、税金の話、新しい道具《ギア》の話、新艇の下馬評、たわいないパワーボートの悪口……。

つと立ち上ったクルーの一人が、ハッチを上げて外をのぞき、思わず、「寒い」と首をちぢめ、急いでハッチを閉める。

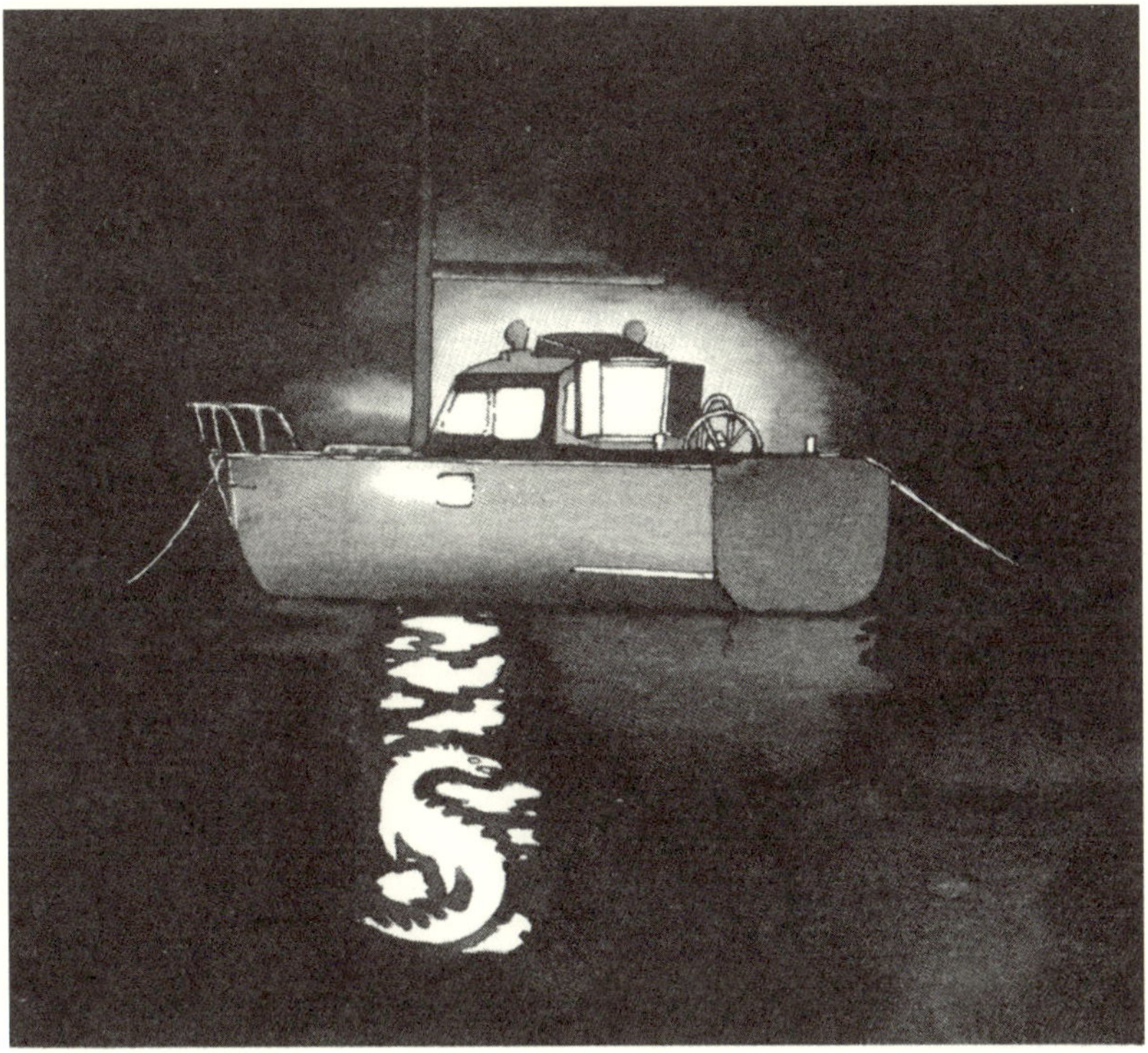

「甲板は霜で真っ白だ」

やがて、誰も言いだしたくなかった言葉を、私が言わねばならぬ時が来る。

「寝るか……。明日が早い」

第十五話　何故労組の幹部はヨットを持ってはいけないか

最近、佐島に舫うスループ《ソールタス》のオーナー、塩路一郎さんのヨットが、さる週刊誌にとりあげられ、話題になっている。メインテーマは日産労使の確執である。私の十八番である労働問題について詳論したい誘惑にかられるが、「労働時報」ではないからこの際、触れない。問題は、この記事の中の、労働組合のリーダーがヨットを持つのは贅沢だ、というニュアンスの部分である。塩路さんは日本自動車労連の会長さんだ。

（また始まった……）

と私は溜息をついた。

こういう、井戸端会議の中傷のような発想が、日本人お互いのしあわせを、どれだけ傷つけ合って来たことか。労働組合の幹部が、何故ヨットを持ってはいけないのだろう。

ついこの間まで、ピアノも自動車も、テレビもクーラーも贅沢品だった。今、労働組合の幹部がクーラーを家に備えるのは贅沢だ、と書く週刊誌があったら、その記事は「ニュース」だ。珍品性がある。昨日の贅沢品が今日の日用品になる。それが進歩というものであり、それが生活水準の向上であり、それこそ、労働運動の目指すところである。

戦前、日本人は、他人の思惑と世間体を極度に気にする国民性だといわれた。陰で贅沢し、人前では、わざとボロを着る。そうすれば、人は何も言わない。建前と本音の使い分けが日本人の天性だ、といわれた。何という情ない話だろう。そういう因循姑息な生き方は止そうじゃないか、という人々の自覚が、戦後の日本の社会を少しずつ明るくした……と信じたい。

すべての労働者が車を持てるように！

世界の労働組合は、文字通り、血によって書かれた永年の歴史の果てに、見事にその夢を実現した。

「自動車は贅沢だ。ピアノも贅沢だ。贅沢は素敵だ（〝ブルータス〟）……いやいや、間違えた。贅沢は敵だ（内閣情報局一九四二年）。みんなで我慢し、みんなで監視し合い、誰も自動車もピアノも持てぬ平等な社会を作ろう！」

洋の東西を問わず、そんなスローガンを掲げた労働運動は寡聞にして聞かぬが、もし、そういうスローガンを掲げた労働組合があったとしたら、その組合はお望みの状態に甘んじているものと思われる。

一人でも多くの人が、たとえ少々無理をしてでも、ヨットを持つ。まわりの人々が、好意と理解をもって声援を送る。女房を質に置いても（慣用句《イデオム》である、念の為）ヨットを持とうとする人が増えるに従って、徐々にヨットの生産量が増え、価格が下り、遂に大衆娯楽として定着する——いみじくも自動車で実証された単純明快な市場の理論だ。その理論を、無意識に阻害し、人々の手に〝贅沢品〟が普及するのを抑えているのが、

「労働組合のリーダーはヨットなど持つのは遠慮すべきじゃないかナ」

未だに生き続ける悲しいまでに日本的な発想である。

さすがに、近代性を標榜するジャーナリストは、「組合の幹部がヨットを持つのはけしからん」

とハッキリいわない。ただ、「組合幹部の某々が立派なヨットを持っている……」とだけ書く。読み手は、ついうっかり、ヘエー、労組の幹部がねえ、と話題にする。そこが狙いだ。書いている本人は気づかずに、人々のしあわせを遠のかせている。こういうものの考え方が、何となく、人々の心に沈澱したら、労組の幹部のみならず、社長もセイジカも学校の先生も、首相も大臣も、人の上に立つ人間は誰もヨットは持てなくなる。今日は人の身、明日はわが身、まずまずゴルフでお茶を濁しておこう。ゴルフは好いのかい？

嬉しいことに、海を愛し、船を愛する実に沢山の日本人がヨットを持っている。政治家も労働組合員も社長も（多くの場合、社用で）、医者もベンゴシもヤドヤの主人も、みんなヨットを持っている。社長には従業員と株主の眼があり、ヤドヤにはお客様がいらっしゃり、政治家にはセンキョミンがいる。それ等の人々の〝眼〟や〝噂〟を気にしていたら日本人は永久にヨットは持てない。誰もヨットを持てぬ平等な社会だ。井戸端会議《しゅうかんし》は話題がなくなる。そういう社会から離陸

するためには、誰かが、まず、始めなければならない。

「なにも、労組のリーダーが先に始めることはないいんじゃないかナ」

という理論は、火中の栗は人に拾わせろ、という訳知りの哲学だ。

私も同じようなことをいわれた経験がある。労働運動は関係なかったが、カイシャとは口うるさいところだ。しかし、頑張ったし、頑張っている。人を先に行かせておいて、何かと批評し、世の中が承認するようになってから、ノコノコ現れ、口をぬぐって、その恩恵だけガブ飲みする人種がいる。それは年寄りか卑怯者のすることだ。労働歌にはハッキリと、卑怯者、去らば去れ！とある。そういう卑怯な人物がリーダーでなかったことは、自動車労連四〇万の労働者にとって幸せだった、と私は思う。労働組合の精神は、右顧《こ》左眄《べん》ではない。進歩と革新だ。ゴルフよりヨットだ。


もうひとつの観点がある。

ヨットの国際性である。

海外に出、仕事で外人と接触する場合、ヨットをやる、と言うことの対人関係上のプラスは、とうていゴルフの比ではない。先進文明国では、実に沢山の人々がヨットをやっていて、お前もヨットか、とすぐに親しくなる。アメリカのヨット隻数は一二〇〇万隻、ヨット人口三〜四〇〇〇万人、欧州もこれに準ずる。就中、社会の指導的立場にある人々がそうだ。サミットでヨットが話題になったとしたら、会話に入れぬ首相を持つ国は日本だけだろう。

ゼンコーさん（鈴木善幸元首相）だけが悪いのではない。わが国の歴代首相、残念ながら一人もいない。お相手の国々の方は、ミッテランは調べてないが、シュミット、ディスカール、ヒース、古くはケネディ、チャーチル、ルーズベルト、いくらでもいる。

かつてピーナッツ商人が元首になり、元首の専用ヨットを売り払って物笑いの種になった国がある。それかあらぬか、彼は二期目で落選し、後任者があわてて新船を探している。

かつて下田で日米経済人会議が開かれた時、ある日本の実業家がヘリコプターで乗りつけた。

こういうことを外人は感心しない。仰々しく騒々しいと思う。びっくりするのは自家用ヘリを持ちつけぬ日本人だけだ。私もヘリは持たぬが、ヨットを持っているから驚かない。塩路さんもその会議のメンバーだった。労働側の代表だ。塩路さんがもし、《ソールタス》で乗りつけたら、外人達は喜んだろう、と惜しまれる。ヘリは交通手段に過ぎぬが、ヨットは人生だ。外国の代表達は、会議そっちのけで、《ソールタス》にやって来て、杯を傾けて歓談しただろう。実は、そういうことが本当の「国際会議」なのだ。お断りするまでもないが、日本は、海外貿易が止ったら半年と生きて居られぬ国である。「GNP世界第二位（一九八一年当時　編集部注）の日本は、今さら外国など恐れる必要は……」。そういう突っ張りが国を危うくする。日本の生存は、ひとえに、日本人の国際性にかかっている。塩路さんの国際性は労使双方の間で定評がある。当り前だ。彼はヨット乗りだ。

何度でも繰返すが、もう好い加減で、労組の幹部がヨットを持つのは贅沢だ、というような、後向きで不毛の論議を止めてもらえないものだろうか。

私はホテル屋だから、ある労働界の大ボスが、さる地方の大都市のホテルに投宿し、夜の街へは、りゅうとした高価な衣服で出かけるが（その事自体、全く問題はない）、翌日、組合員の集会場へは、どこのくず籠から拾って来たのかと思うようなボロの労働着をルイヴィトンの（これは比喩）鞄の底から取り出して着て行く、などという〝職業上の秘密〟を耳にする機会がある。世間が「労組の幹部が……」式のあてこすりや姑根性を捨てぬ限り、この手の偽善は後を断たない。

私はむしろ、颯爽とヨットに乗る塩路さんの勇気の方を買う。社長がヨットを買うなら、労組の幹部も負けずにヨットをやってくれ……できれば社長より一呎でも長いヤツを。私が若い組合員だった頃は、そういう考え方をした。そうでなければ景気が悪くていけない。聞くところによれば、自動車労連は四〇万人の組織だそうだ。日本で最大の会社新日鉄の従業員数は七万人である。四〇万人の組織の長が、ボロを着てボロ車に乗っていたとしたら、私は、悪いけれど、偽善の臭気を嗅ぐ。その人物は、聖人かハッタリ屋かのどちらかだ。私の人生経験では、聖人は稀有だが、ハッタリ屋は掃く程いる。ともあれ、何やら陰湿な塩路さんのヨットへのあてこすりが、組合員の中から出たものではない――らしい――ことが救いだ。

第十六話　秋の嵐

一九八一年九月一四日から一五日にかけての深夜、大島西方海上に竜巻が発生した。暗雲におおわれ、豪雨が海面をたぎらす夜半、雲と海は一つの紐によってつながれ、近くを航行中のクルーザー《とらふぐ》船上のヨット乗り達は、一生のうちにまたとない、血の凍るような恐怖の光景を見る機会を得た。そのクルーザーの上に、一人の気象学者が乗り合わせていたのは奇跡に近い。彼はこの竜巻をつぶさに観察し、天気図に書き込み、記録に止めた。翌日の新聞にも、またその翌日の新聞にも、竜巻の記事は現れなかった。竜巻は、一隻のクルーザーの上の数人の海の男達、一人の気象学者の眼に、この世のものとも思われぬ恐怖、悽愴なドラマを示しただけで、人類の記憶――と記録――から永遠に消えた。

その夜、もう一隻のクルーザーが、相模湾上にあった。その夜は十六夜の満月だった。その艇は、一四日の夕刻、式根島中の浦に錨を打った。その夕方近く、中の浦でアクアラングの講習を受けていた二人の女性ダイバーは、夕闇迫る海中を湾口から浜へ帰る途中の水中で、突如、眼の前に現れたスキン・ダイバーに驚かされた。ゴーグルにシュノーケル、上着だけの黒いウェットスーツに黄色いフリッパーをつけたその潜水者は、鰓《えら》で呼吸しているのではないかと思われるばかりにいつまでも、二人の前後左右上下を旋回し続け、指で環をつくって挨拶し、彼方の水中へと泳ぎ去った。浮上して浜に着いた二人の女性アクアラング・ダイバー達は、岩礁に囲まれた入江の中ほどに、一隻の白いヨットが浮んでいるのを見た。陽はすでに傾き、空は淡紅色に彩られ、その色を反映して動かぬ水面に浮かぶヨットのシルエットは一幅の絵だった。ヨットのコックピットには橙色《だいだい》の灯がともり、船尾の開孔部からはい上る人影が見えた。さっき海中に現れ、イルカのように自由自在に自分達のまわりを泳ぎ去ったスキン・ダイバーはあのヨットの人なのだわ、と少女達は思った。

少女達は去り、浜に人影は絶え、太古そのままの入江をすっぽりと闇が包み、やがて、入江を抱く背後の山の稜線の上に月が昇った。入江の中には、ヨットの灯の他には、人工の光は何もなかった。稜線の上には、松のしげみのシルエットが墨絵のように浮き出していた。かすかな蝉の声が入江を満たしていた。入江と、岬と、白砂の浜と、黒い水面と、そこに憩うヨットの上を昼のように明るく照らしながら、信じられない大きさの白銀の円盤は昇り続けた。地軸の回転する音も聞こえるかと思われる光景だった。満天の星も、月の光の前に色を失った。青白い月光にしとどに濡れたヨットの甲板に、じっと月を仰いで動かぬ四人の人影があった。淡い鰯雲が岬の上にかかり、月光を受けて虹の七色に輝いた。この世のものとも思えぬ光景をみつめて船上の人影は動かず、月は昇り続け、逆光の岬と松の漆黒の影は深まり、月光を受けた甲板、岩肌、砂浜は昼のように明るく、のぞき込むと、海底の白砂や海藻がはっきりと見えた。

人影が動きはじめ、突然、エンジンの音が入江の静寂を破った。やがて錨が揚げられ、ライフジャケットとライフラインに身を固めた人影に操られ、ヨットは黒々と点在する岩礁を避けつつ、入江の口を出た。時間はちょうど二一時だった。

「こんなすばらしい月夜に寝ることはない」

そんな言葉と笑い声とが、エンジンの音に交ってコックピットから水面にこぼれた。湾口を出ると、ヨットは舵を右にとり、針を北北東に定め、月明の下にはっきりと認められる新島と地内島の間の水路に艏を向け、ひとつの数奇な運命に向かって走りはじめた。

月は昇りつづけ、月光はますます著《しる》く、海面はねっとりと穏やかだった。

「どうしてこんなに速く走るのかな。尋常でないぜ」

舵《ヘルム》についている年輩のオーナーが、誰に言うともなく、意外に若々しい声で独り言を言った。

「船底が綺麗なせいかな」

傍らに立ったスキッパーの丸々としたシルエットが、

「船底は同じです。確かに速いですね」

そう答えて、舷外の波を見やった。海面に反射した月光は、水平線から舷側に至る、幅広く青白い帯となって輝き、舷のすぐ側で小片に砕け、飛ぶように後へ流れ去った。

(理屈に合わない。エンジンも船底も、昨日と少しも変っていないのに、今夜の《蒼竜》――そのヨットの名だった――は、まるで何かに憑かれたように走る……)

舵を握り、スターポイントのシースーツのズボンだけを着た初老のオーナーは、心の中でそんなことを考えていた。その疑問は、彼を楽しませこそすれ、恐れさせも、不安にもしなかった。若い頃、一時、自然科学を専攻していたことがあるオーナーは、この世は、人智の及び難きことで満ちていることを謙虚に承認していた。

（その不可知は、海の上では、日常茶飯事として起こるのだ）

恐らく、この海域まで南に降りて来たことの無い人間を不気味な恐怖に陥れるであろう事象が、間もなく起こった。突然、風ひとつ立たぬ海面が騒ぎはじめ、艇は大きく揺れ、海は渦巻き、波頭はくずれ、ざわざわという潮騒があたりに満ちた。舵手は落ち着いて、うねりに合わせて舵を小刻みに操りながら、茫然としてステイに掴まり、渦巻き躍る黒い海面を凝視する若いクルーに告げた。

「黒潮だ。黒潮が流れている。……」

「……！」

ひとつの感動が船上を流れた。それは、休みなく流れつづける黒潮の流れをはじめて深夜に目撃する若いクルーの感動であり、黒潮の流れに乗り入れる度に、同じ感動を胸裡に反芻する二人の古顔のヨット乗り――オーナーとスキッパー――の感激でもあった。

「流速四ノットはあるかな」

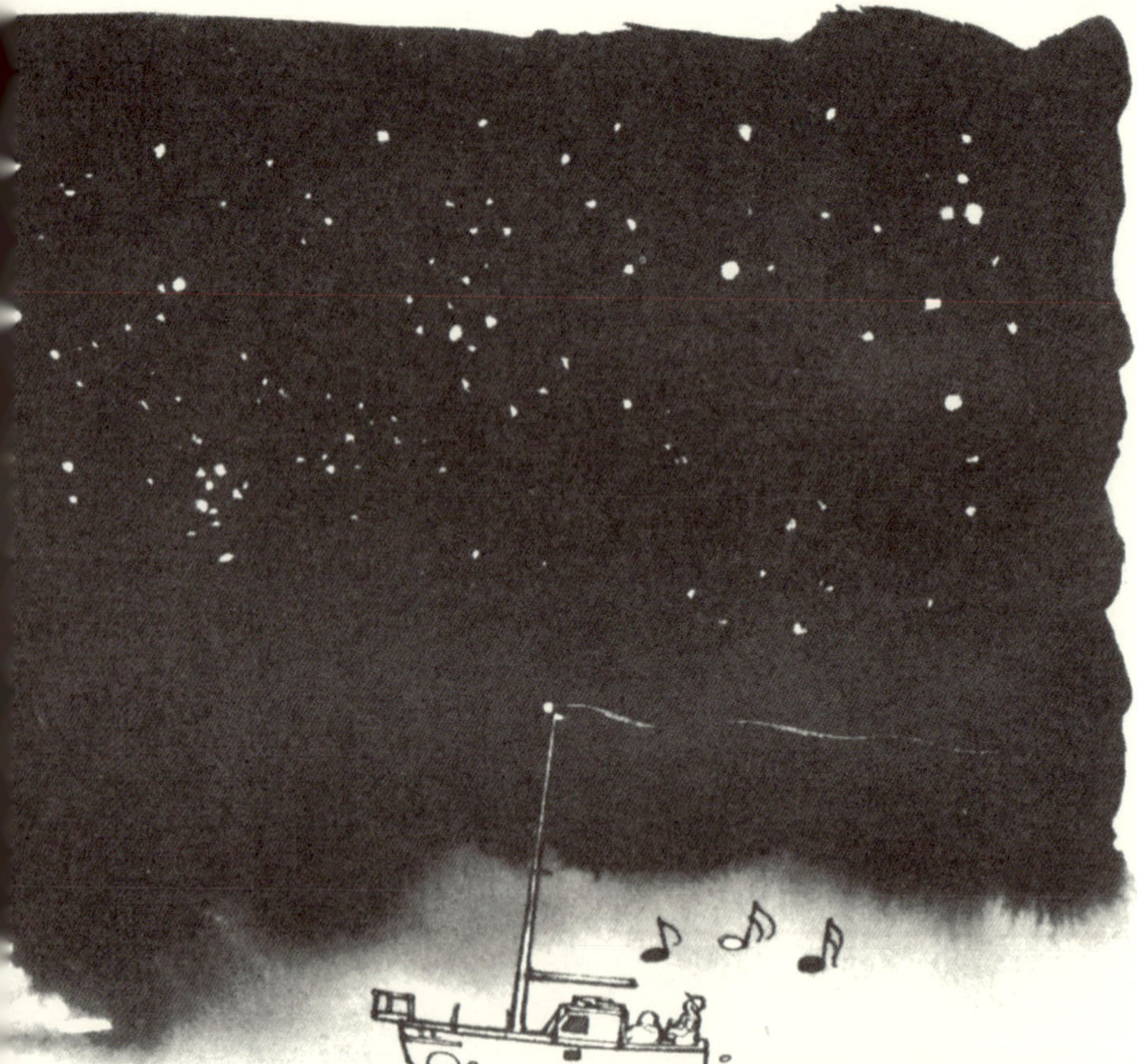

オーナーがつぶやいた。

「だから黒瀬川というのだ……」

新島と地内島の間の水道《ストレイト》に入ると、海面はうそのように元の静謐に戻り、黒々と聳える新島の大絶壁の下を、白いヨットは定規で引いたような澪《みお》を描きながら進んだ。艄には月光に光る薄い靄《もや》の中に、峨々とした鵜利根と、富士貝を伏せたような利島とが、濃淡を分け、にじむようなシルエットで見え出した。船上では当直《ワッチ》が組まれ、スキッパーと、痩せた一人のクルーの姿が船内に消え、舵をとるオーナーと、頑丈な体つきをしたもう一人のクルーがコックピットに残った。新島を外れても海の穏やかさは変らず、中天に達した満月の光に海は白く輝き、コックピットの二人は、一生のうちに再び垣間《かいま》見ることを許されるか否か判らぬ月明の海の美しさを脳裏に焼き付けようとするかのように、頻繁に眼を右舷に向け、その度に、航跡はかすかに蛇行した。

利島をかわした。

クルーが定時の位置を出し、オーナーに報告した。

「不思議です。七ノット出ています。スキッパーの計算はドンピシャでした。今二三時ですから、竜王崎沖の方位転換点へは、ちょうど一二時に着きます」

「七ノット……?」

そんなスピードをこの艇は未だかつて出したことはないのだ、とオーナーは思った。この艇の巡航速度は五・五ノット、強風でも六ノット強出ればおんの字なのだ。機走でも最高速に変りはない……。

しかし、七ノット、と聞いてオーナーは、そうかも知れない、と了解した。少なくとも、今まで感じていた高速感は、夜陰のための錯覚ではなかった。《蒼竜》は今、無風平水、機走だけで七ノットで疾走しているのだ——何故なのか。何に向かってそんなに急いでいるのか。

新島、鵜利根、利島……一群の黒い陸影が船尾に遠のき、コンパスの微光の中に針を四五度に保ちながら、姿を現さぬ大島をみつめる眼に、ひとつの信じ難い光景が展開していることに、オーナーは徐々に気づき始めた。その驚きが極めて徐々に認識されたのは、ひとつには夜の暗さの為であり、逆説であるが、月夜の明るさの為でもあった——もし月光がなく、今眼前に展開している光景を見なかったならば、彼はやがて訪れる天候の激変に対する心の準備を欠いたであろう。

いつの間にか、少しずつ、空に鱗雲が現れはじめ、時々月をおおい、甲板は薄暗くなり、そしてまた、再び克明な影を生んだ。何処からともなく現れた白く細い鱗雲の一片一片が少しずつ大きくなり、空の半ばを淡い白色でおおい、月の周囲を虹の七彩で彩った。

「おい、凄いじゃないか、あの積乱雲は」

舵《ヘルム》についたオーナーは、真正面を向いたまま、ベンチに坐った頑丈なクルーに声をかけた。クルーはオーナーの顔を追って艏の彼方を眺め、

「……そうですね」

と答えて、改めて水平線の上に聳え立つ雲の峰を凝視した。オーナーは言葉を続けた。

「大島の上にはいつだつて雲がかかっている。しかし、あんなに高い雲は見たことがないぜ。軽く島の高さの一〇倍くらいはあるんじゃないかな」

「もっとですね」

「それにしても、驚くべき光景だな。こんなに凄い雲の峰を月の光りで見たのははじめてだ。夜とは思えない。雲の輪郭があんなにはっきり見える」

その巨大な積乱雲は、大島を完全にのみ込み、水平線をおおい、殆ど天頂近くにまでそそり立ち、月光に照らされ、紺……というよりは青に近い夜空と、ちりばめられた星を背景に、象牙の白さで黙然と航路の真正面に立ちはだかっていた。

気がつくと、海面は波立ち始めていた。憑かれたような船足は常の早さに戻り、ドンと波の谷に艏が落ち込む度に、目に見えぬ砕波《スプレー》が二人の上に降りかかりはじめた。

「二三三〇です。一二時に回頭点、はちょっと無理になって来ましたな」

クルーがつぶやく。二人はちょうどその時刻《とき》、北西一〇数浬の同じ相模湾上にあったもう一隻のヨットが、暗雲におおわれた洋上で豪雨にたたかれながら、ま近に迫る竜巻に血の凍る恐怖を

味わっていることを知る由もなかった。

海の怒り出すことの早さは、人生に訪れる不幸と破局の比類《たぐい》無い象徴である。たちまち、月明も、鱗雲も、積乱雲の峰も消え去り、空は暗く、海も暗く、風は吼え、波は襲い、艇は激しく一上一下し、主帆《メイン》のみを張ったマストは右に左に大きく揺れ、海水は甲板を洗い、コックピットの床にあふれた。さっきまで、ついさっきまで甲板を満たしていた漠とした想念——耽美、追想、そこはかとない感傷は烈風と共に消え去り、寒気と不安と、船酔いの不快感がとって代った。すでに全天をおおつた暗雲の下に横たわる大島の島影は暗く、陸岸に見えだした灯火が、かえって船上の孤独と不安をかきたてた。心楽しく月光の海をひた走る幻想は跡形もなく打ち砕かれ、船上の四人の前には、何時果てるとも知れぬ荒天の夜間航行の苦痛と危険だけが現実として残った。

風は真向いの北東風だった。一体、あの快速は何だったのか。容赦ない波と風にはばまれ、船足はいら立たしく落ち、大島はいつまで経っても近づかない、風に向かい、強引にエンジンの力で登る艇の無慈悲なピッチング。それに三〇度、四〇度のローリングが加わる。予定の一二時はとっくに過ぎた。

「見えないな、竜王の灯台が……」

「あれでしょう、今、一二時の方向」

「あんな頼りない光がか」

クルーが海図を調べにドグハウスに下りる。

「三秒のフラッシュ、あれです」

「みんなを起こせ。これ以上揺れはじめると、着替えも出来ないぞ」


(あの大積乱雲の下に入ってしまったのだ)

オーナーはそう考える。

(……どのくらい奥行きがあるのだろう。雲の底を抜ければ、また月が出、海は静まるのではないだろうか)

だが、暗雲は、心なしか、北北東、船の進行方行に向かって延びているかに見え、烈風はその方角から吹きつのった。

ごそごそと這い出して来たスキッパーにオーナーは、声をかけた。

「シケになった。よく寝ていられたな」

「床に転げ落ち、床で寝てました」

「風は北だよ」

「矢張りねえ」

とスキッパーは笑った。

オーナーは舌打ちをしてつづけた。

「いつでもこうだ。伊豆七島が南北に連なっている限り、五〇%の確立で登りだ」

「それなのに、どうして一〇〇%、登りになるんですかねえ」

ヘルムについていたクルーが口をはさむ。

「変針点で一〇度に進路を変えたら、風向がちゃんと一〇度に変るんですからねえ」

もともと船に強い方ではない初老のオーナーは、コックピットのベンチでとまどっていた。すでにワッチの時間は過ぎスキッパーがヘルムについている。眠い。寒い。ひっきりなしに降りかかるスプレーに、今では雨まで加わり、ファスナーでしっかり締めてあるはずの襟許から海水が胸にしみ込む。もう一時だった。仮睡は四時間。もう一時間が過ぎている。だが、船内に入り、シースーツを脱ぎ、寝台《バース》にはい上る……そう考えただけで胸がむかつくのだった。コックピットに坐り、動揺に合わせ、しっかりとライフラインに掴まり、潮と風に身をさらしているのがせいいっぱいだった。クルーは先に降りて行った。誰も何も言わない。荒天の夜間《ナイト》航海では、コックピットとキャビンの中との間には千里の隔たりがある。オーナーは何気なく立ち上り、

「寝るよ」

とひと声かけ、ライフラインのフックを外し、よろめく足を踏みしめて船内に降り、ローリングの度にあちこちにぶつかりながらシースーツを脱ぎ、バースに這い上ろうとして、たまらず、

ヘッドの扉に向けて激しく吐いた。

吐き終ると、いくらか気分が楽になった。ありあわせの雑布《ウエス》で床をふき、上段の寝台《バース》に這い上り、毛布をかぶる。右に左に傾斜の変る寝台《バース》の中で、ウォーターハンマーの轟音と、再び湧き上って来る吐き気の中で、五四歳のオーナーは浅くまどろむ。絶えず体が宙に浮く。どちらかの舷に体が滑って行く。

（キャンバスの寝台《バース》の方が好かったのだ。何故板張りに改装なんかしたのだろう。板張りが楽なのは停泊している時だけなのだ）

また横すべり。寒い。もう一枚毛布が欲しい。ガーンという波の衝撃。吐き気がこみ上げる。何故俺はこんな馬鹿気た真似を……止そう、眠るんだ、もう一回ワッチを勤めなければならないのだから……。

「オーナー、起きて下さい。交替です！」

（そんな時間か。俺は寝たのだろうか）

意を決し、バースから這い降りる。忽ち待ち受ける吐き気を辛うじてこらえ、肩や頭で体をささえ、シースーツを着る。海況がますます悪化していることは、船の動揺ですぐに判った。空は一面に灰色だった。暗雲が相変らず北へのびている。雲と、のこぎりの刃のような水平線との間の空に、かすかに暁の気配が揺曳していた。

（積乱雲の下を通過したら月明……？　何という馬鹿なことを俺は考えていたのだろう）

海の上では、ものごとは、みんな悪い方へ悪い方へと進むんだ。人生だってそうだ。この地球だってそうだ。オーナーはライフラインのフックをバックステイに打つと、こらえかね、トランサムから身をのり出して吐いた。殆ど何も出て来ないが、いくらか気分が楽になる。涙がポロポロとこぼれ落ちた。


「風は相変らず真向いです。仕方がないから、一〇度ずつ左右に振って登ってます」

海図の上には、折り尺を伸ばしたような緩角度の折線が北北東、城が島の方向に向かって描かれていた。

「対潜警戒航行だね」

「やっと半分来ました。七ノットの快速の預金を、全部吐き出してしまいました」

「いいじゃないか。あれがなければ、今頃はまだ三分の一だ」

「じゃ」

スキッパーはドグハウスに降り、上半身を見せてシースーツを脱ぎはじめた。

「どうしようかなあ」

当番《ワッチ》を終えた痩せぎすのクルーが、快活に言う。

「なかへ入ると酔いそうだし……」

だが、彼もドグハウスに消え、コックピットは、オーナーと大柄なクルーの二人になった。

(城が島に近づけば風が落ちる。いつもそうだ)

オーナーは、その考えを口に出してクルーに言った。

「城が島まで吹きとおしたということは、今までに一回くらいしかなかった」

「二回目ですか、今日は」

そして二人とも黙って、茜色に染まりはじめた東の水平線を眺めた。小ぶりで旧式な貨物船が一隻、近くを反航して行った。ブリッジの人影がじっと動かない。あきれてこちらを眺めていたのだろうか。

(もし、中の浦で一晩中月見をし、払暁出航していたら……)肌にしみる日の出前の寒さの中でオーナーは考える。七〇浬、一日中、向かい風にたたかれる凄惨な航海だっただろうか。前半、月明の快走が出来たのが幸せだったのかも知れない。いや、これから徐々に風が収まるとすれば、こんな苦労は全く無駄なことだったのかも知れない。あの月明が罠だったのだ。馬鹿な。そんなことを考えて何になるんだ。海の上で、「もし」は無いんだ。後を振りかえらない。それがヨットの掟だ。

やがて、灰色の水平線に強い閃光が輝くのが見え出した。城が島、そして剣崎の灯台だった。本船航路の灯台の明るいこと！　それに比べて、昨夜、すがるような思いで探した竜王崎の灯台の、何と細々と暗かったことだろう。

城が島の線を過ぎて、ようやく風が弱まりはじめた。入港準備、総員甲板《オールハンズオンデッキ》。七時。

「驚くねえ。こんな天気にこんな早くから、漁師というのは働くものかねえ」

「今日は休日だ。レジャーだろう」

「休日は魚も休むのか」

「漁船だけじゃない。見ろ、ヨットが出て行く」

小網代の湾口から三角帆が二つ。雲が薄れ、薄日がのぞく。いつもこうなのだった。さんざんにたたかれ、精も根も尽き果てる思いで母港に近づく頃、海が穏やかになり、軽装のクルーを乗せたヨットとすれちがう。こちらはシースーツの上下に頭巾、ライフラインをまだステイから外してもいない。戦線から帰って来た人間と、後方で遊んでいた人間との差だ、とオーナーはいつも考えるのだった。だが、今日はさすがに、この朝早く出航して来るヨットの甲板の人影は、色とりどりのシースーツを着込み、ものものしい赤いハーネスが鮮やかだった。

最微速で泊地に入り、舫いをとった。

「飯にするか」

「待ってくれ。まだ食欲が出ない」

珍しいことだった。

「オーナー、まさかこのスーツが早速に役に立つとは思いませんでしたね」

スキッパーがオーナーの新調のスーツを指して笑った。続いて入港して来たヨットの甲板から、手を振る人影があった。その人影は、やがて、ポンツーンを渡り、陽焼けした小柄な、ベテランの気象学者B氏の姿になって近寄り、笑いながら《蒼竜》の舷側に手をかけてオーナーの顔を見上げた。

「うんとたたかれたでしょう？」

「いやはや、惨々でした」

「私達も月に浮かれて、昨夜二三三〇稲取を出ました。そうしたら忽ち強風と豪雨。竜巻をごらんになりましたか？」

「竜巻？　いいえ。でもそれで判った。大島上空のあの入道雲だ。こんな季節、しかも夜、どうして上昇気流があるのでしょう？」

「海が冷えている時、そういうことはあり得ます」

「竜巻はどうでしたか」

「絵にある通りでした。雲が細く巻きながら降りて来て、海とつながります」

「危険は？」

「附近に本船の灯が見えましたが、大丈夫だったようです。竜巻の径から推して。私達の船だったら、ひとたまりもなかったでしょうね。小さいですから」

「写真は？」

気象学者は笑った。

「とてもその時は、そんな気分ではありませんでした。手許にカメラも無かったし……」

（俺ならどうしたろう）

とオーナーは考えた。彼の船のブリッジには、いつでも、広角と望遠の二台のカメラが置かれていた。だが、荒れてガブる船上で、カメラに手を出し、構える動作に、どれだけの決意とエネルギーを必要とするかも、彼にはよく判っていた。

気象学者は持っていた天気図に、馴れた手つきで、昨夜の気象を専門記号で記入して見せた。そしてまた笑って、

「今日の新聞を楽しみにしているんです。もちろん、何も出ていないでしょう。恐らく、晴れ後曇、ところにより雨、くらいのところでしょう。新聞かテレビの天気予報や天気概況は局地の天気とは何の関係も無いことを証明する好い例になると思います。昨夜相模湾の上には、月に浮かれ出て、珍しいシケにたたかれた酔狂なヨットが二隻いたということですな」

オーナーは、笑って相槌を打ちながら、ふと、中学生の頃に読んだ、ある詩人の旅行記を思い出していた。その詩人は、欧州へ向かうインド洋上の本船の甲板から眺めた、夕陽に映える雲の峰の美しさに深く心を打たれ、こんなにも美しい光景を、誰の眼にも触れさせずに日々洋上に描

く神の意図を悲しみ、人間に対する無関心を嘆く文章を綴っていた。

手を振って去って行く気象学者を見送り、空を見上げたオーナーの顔に、いつの間にか雲の切れた青空から降りそそぐ初秋の陽が熱かった。

第十七話　さらば夏の日

あの頃は、どうしてみんな、あんなに楽しい行事を企てたのだろう。

あれは、忘れもしない一九六六年の、とある晩夏の宵だった。数隻のクルーザーのオーナー達が語らって、諸磯の湾口附近に錨を打ち、艇を寄せて舫い、その上で一大乱痴気パーティをしようということになった。

もう一五年も昔の話である。みんな若かった。私も若かった。《蒼竜》進水後三年、船もクルーも、文字通り、あぶらののり切った頃、オーナーの私が三〇代、女房は二〇代、今もいるクルーの細川クン、小川クン、みんな紅顔の学生だった。年長組の《ロータス》の金原さんにしても、《赤鮫《レッドシャーク》》の関根さんにしても、今の私より若かったのではないか。

風の無い、静かな夏の夕暮れだった。ねっとりと動かぬ水面に夕闇が訪れ、舷を寄せ合い、ロープでつなぎ合せたヨットの上のわれわれを、夏の夜の温気《おんき》が包み、空にはやがて、サソリの心臓《アンタレス》が妖しい輝きを増し、かつ飲みかつ歌ううちに、夜は更け、船上の騒ぎは静まる気配もなく、黒々と入江を抱いた岬に歌声がこだました。

今考えてみれば、本当に良い時代だった。高度経済成長がやっと始まった頃、「公害」などという言葉をジャーナリズムが発明するずっと以前とはいえ、湾岸の家々の人が、あの騒ぎによくまあ文句のひとつも言わなかったものだと感服する。

繰返すが、良い時代だった。あの晩のように、徹底的にハメを外す時以外には、ヨット乗りには節度と矜持《ほこり》があり、周囲の人々も、おおらかにその事実を認めてくれていた。あらゆる社会現象が、すべて「抗議」と「補償」の対象になり得るという大発見を日本人がする以前の話……若者が天地に轟く蛮声を声の限りに張りあげることの出来た時代だった。諸磯の入江のまん中で、である。

《ノアノア》(?)という艇に、色浅黒く、背高く、船員の経歴を持ついなせな名物スキッパーがいた。彼とその一党の踊る〃NORCヨット讃歌〃の振付けは絶品だった。

たまたまその晩、《蒼竜》と彼の艇は舷を接し、艏《バウ》を沖に向けて錨を打っていた。私はすでにしたたか飲み、彼もまた、少なくとも私以下ではなかったはずである。私達二人は、バウ・スプリットのハンド・レールに腰かけ、昇りはじめた月を眺めていた。

「すばらしい夜ですナ」

と彼がいった。

「すばらしい夜ですね」

私が答えた。それ以外の言葉は心に浮かばなかったし、お互いの心を確かめ合うのには、それ以外の言葉は不要だった。

「いっちょう、いきますかな」

と彼がいった。

「いいですナァ、やりますか」

と私が応じた。

何を？

高く海面上にせり出したバウ・スプリットの上、夏の夜の温かい空気に包まれ、アンソニー・パーキンスが「Moonlight Swim」の中で〝crazy yellow balloon〟と歌ったそのままの真如《しんにょ》の月が、ねっとりと動かぬ黒い波間に映じているこのひととき、ほかに何をすることがあるだろうか。

私達二人は、相手の意図を直ちに了解した。

たまたま、バウ・スプリットのたもとでは、私のクルー達が女房を囲んで酒をくみ交わしていた。女房も若かったし、今にも増して綺麗だったが、それはこの際、話の筋と関係ない。「七人の侍」の中の志村喬の科白の通り、酔って正体のなくなる者は武士ではない。

「やりますかな」

私と彼との何気ない言葉のやりとりを、したたか酔っているはずの彼等は、聞きのがさなかった。彼等もまた、直ちに、私達が何を「やる」気でいるかを直感した。女房とクルー達は、須破《すわ》！と腰を浮かせて一斉に叫んだ。

「いけないッ」

「止めろッ」

「イケマセン！」

だが、彼等の立ち上りは、一瞬遅かった。彼と私とは、バウ・スプリットのハンドレールの上にすっくと仁王立ちになるや、月光を浴びたアポロの像もかくやとばかり、見事な飛び込みのフォームで、数メートル下の海面へと跳躍した。

後で並み居る艇のオーナーの誰かが、感に堪えたような口調で私に言った。

「田辺さんは本当に好いクルーをお持ちですねえ。あなたが飛び込んだとたんに、《蒼竜》のクルー達が一斉にあなたを追って飛び込んだのには感動しましたよ」

私はクルー達の私に対する赤心に何の疑いも抱かぬが、同時に、全員私を追って飛び込んだクルー達の頭上に、半狂乱になった女房の叱咤が轟いていたことも、毫《ごう》も疑うものではない。

深酒↓泥酔↓冷たい夜の海↓心臓麻痺↓土左衛門↓若後家。女房の頭に一瞬ひらめいた危惧《シナリオ》とは裏腹に、海水は夏の夜気のように暖く、星影の下、黒い水面をゆっくりと泳ぐ気分はたとえようもない
「すばらしい気分ですな――」

「まったく、何ともいえず……」

世の中にこんなに愉快で気持好いことがあるだろうか、というお互いの認識を交換しつつ、遙か彼方に浮かんでいるカキの筏へと向かう折しも、なにやら後方が騒がしく、

「オーナー……ウフッ」

「イケマ……ジャブジャブ」

「早くおかえり……ガブッ」

誰やら追ってくる気配に速度を早めて私は筏にはい上がった。今日日《きょうび》にこんなことをしたら、漁協から厳重な抗議と共に、活版でキチンと印刷された書式に書き込まれた損害賠償の請求書が早速に舞い込むであろうが、昨日の漁協は今日の漁協ではない。ドラム缶の上に丸太を井桁に組んだ素朴な筏の上に立ち上った私は、丸太の上をピョンピョンと飛んで逃げる。丸太と丸太の間隔は約一メートルとまさに手頃。子供の頃から、この種のハシャギに関しては、私は神童だった。その上、酒が入っている。周知の通り、ある種の人間は、酒が入ると敏捷になり、バランスが好くなる。逆ではない。理性が眠る時、本能が目ざめる。昔は酔っぱらいというものは、堀の縁をきわどく千鳥足で歩きながら、決して落ちぬものと期待された。戦後、ガードレールが、人間のこの本能を殺してしまった。幸い、海の上にガードレールはない。私は魔のように忍者のように森の人間《オランウータン》のように、丸太の上を飛んで逃げ、ようやく筏にとりついて私をつかまえようとするクルー達が、ボチャンボチャンと井桁の枡目の中に落ちる水音を楽しんだ。

つくづく、年はとりたくないものである。恐らくはウイスキーをコップで二〜三杯はひっかけ、約一〇〇メートルを泳ぎ、筏の上でジャギーのレッスンをし、再び艇に泳ぎかえる道すがら、追いすがる血気の学生クルーを、なお引き離す体力と游泳力とをあの頃の私は持っていた。東京駅の新幹線の階段を駈け上るたびに、新横浜あたりまで肩で息をしつづける今の私は、一五年の時の流れをしみじみと噛みしめる他はない。だから私は若い人々に繰返す――惜しめ君、ただ若き日を……

船上の宴は、それから後も、何事もなかったように深更まで続けられ、翌朝も快晴、昇るに早い夏の陽に照らされたキャビンの暑さにいたたまれず、宿酔の重い頭をかかえてようやく起き出した私達は、それでもちゃんと、午後には帆走もしたと思う。若かった。そして、元気だった、二度と還らぬ夏の日の、二度とは起こらぬだろう宴の想い出は、ふりかえるたびに、初老のヨット乗りの胸を切なく締めつけるのである。

第十八話　東は東、西は西

——ＫＹＣ（関西ヨットクラブ）訪問記——

The East is East,and
West is West,and
Never the twain shall meet,
……

（東は東、西は西。
相離れて、遂に交ることなし）

The Ballad of East and West.
Rudyard Kipling

「ポン」

という音が背後でした。私の全神経は、撃鉄を起こす音を背中に聞いたガンマンのように緊張した。武士は轡《くつわ》の音に眼を覚ます。いやしくも、ワインの栓を抜く音を聞きのがすようでは、ヨット乗りとはいえない。直ちに振り返ると、

「ヤヤッ」

今、アイスバケットの中からとり出されたばかりの、緑色のなで肩のビンの露に濡れた白いラ

ベルの上に、杖をひいて歩む金色の聖ヤコブの姿。

「ピースポルター〝黄金の小滴《ゴールドトロプヒエン》〟……!!」

「なにはなくともモーゼル・ワインと思いましてな」

莞爾と笑うこの艇《や》の主人は、しばし、杯をかざして色香を楽しみ、ひと口すすり、

「ちょっと甘いかも知れませんが……如何ですか?」

「言うことなし《ウンダバー》!」

「まずお掛け下さい。じゃ、遠来の客を歓迎して、乾杯《プロージット》!」

「プロージト!」


西の宮の駅を降りたら、タクシーに、「ヨットクラブ」といいさえすれば、ちゃんと着きます、という指示だった。もう四時近く、泣きだしそうな空、風が冷たい。タクシーの若い運転手君は、何も尋ねず、日常的な態度でメーターを倒して走り出した。たちまち、道の左手は高いコンクリートの堤防、右手は白壁の倉らしい建物の列、その間の谷間のような道を抜けたと思ったら、もうそこはKYC(関西ヨットクラブ)だった。後で聞けば、右手に並んでいた白壁の倉は、銘酒白鹿の酒倉とのこと。何とも格好の立地にヨットクラブがあるものである。

車が停まったのは、小さな砂利と土の広場。その向う、何の変哲もないクリンプ網に囲まれた、さして広くもないコンクリート舗装の構内に雑然と並ぶ陸置艇、工場らしい建物、クレーン、防

波堤、すぐ左手の泊地の浮桟橋《ポンツーン》に舫う大小の艇のマストが、雨もよいの雲に閉ざされた夕暮の空に揺れている。一陣の風。その風の中から、〝荒野の決闘〟の一場面のように、二人の人物が近づいて来る。紺のセーターに空色の襟をさりげなくのぞかせた、瓢々《ひょうひょう》たる半白初老の人と肩を並べ、潮気のたっぷりと滲み込んだ濃紺の船長帽、ざっくりとした北欧風のセーターに紺のダブルのジャンパーを重ねた天神ひげ、オールバックのやせ形の紳士が、親しげに手をさし出し、

「ご遠路、よくおいで下さいました。お待ちしていました」

不意に、温いものが胸にこみあげる。何時着くとも判らぬ《主人《わたし》》を、KYCの主《ぬし》、宮川事務局長と、ビッグボートの雄、名艇《のみ》の野村船長がこうして、風とパラつく雨の中で待っていて下さったのか。これもヨット乗りの冥利《みょうり》、万感をこめて、がっちりと交す握手。

「どうぞ……」

とクラブハウスの方へ行きかかるお二人の後に従いながら、私の視線は、左手の泊地に引きつけられた。気づいた野村船長

が、わが意を得たように、

「ちょっとおのぞきになりますか？」

ポンツーンの方を指さす。


ブルーウォーター派の私でも、聞き覚えのあるギンギンのレース艇が、長いポンツーンに舳艫《じくろ》を接して舫っている。曰く《コテルテル2》、曰く、《Togo》、その次が《のみ》、そして、どんと豊満な容姿の《男爵夫人《バロネス》》……。《コテル》も《Togo》も《Nomi-Ⅲ》も、船名の近くに日の丸が描かれているのは、世界を股にかけたレース歴の象徴か。

「どうぞ……」

招じられるままに、濃淡のブルーに染め分けられた《のみ》の甲板に上り、一歩船内に足を踏み入れて、さすがの《主人《わたし》》もあっけにとられた。正面の神棚には、西宮大神宮の海上安全守護のお守り札、甲板から貫通しているアルミマストの銀色の肌には、旭日十六条の軍艦旗のシールがぴたり、そして、セティバースの上のチークの壁には、荒天を衝《つ》いて全速航行する戦艦大和の勇姿と並んで、日本海海戦の聖将東郷平八郎元帥の肖像が恭々《うやうや》しく掲げられている。

（こりゃ戦中派というより戦前派だわい）

次の言葉につまっている《主人《わたし》》の顔を、面白そうにのぞき込んだ野村艦長、

「この方のお陰で、われわれはロシヤ語を国語にしなくて済んだのですから……」

「おっしゃる通りですな」

戦後育ちの方々のためには、解説をせずばなるまい。

もし、一九〇五年(明治三八年)五月二七日、対馬沖の海戦で、東郷平八郎率いる日本艦隊が、ロジェスト・ウエンスキー中将率いるロシア・バルチック艦隊に破れていたら、恐らく日本は日露戦争に惨敗し、われわれは、ロシア語を国語として育っていただろう。想像力を働かせていただきたい。ついこの間まで、日本は台湾と朝鮮の人々に対し、日本語を国語として強制してきたのである。

私はふと、一九七九年八月、三〇三隻の出場艇中二一六隻のリタイア、二九隻の遭難、一五人の死者を出したファストネット・レースの折りの、ひとつの逸話を思い出した。

荒天にめげず、見事優勝したアメリカ艇《テネイシャス》のスキッパー、テッド・タナーは、「イギリスの天候をどう思いますか?」というイギリスの新聞記者の質問に対して、こう答えたという。

「すばらしいね! 君たちも感謝したほうがいい。イギリスの天候がこんなふうじゃなかったら、君たちはみんないまごろ、スペイン語を話していることになっていただろうからな」(リーダーズ・ダイジェスト、一九八〇年八月号「ヨット大遭難!」)。

一五八八年夏、ところも同じ英仏海峡をおおって押し寄せたスペイン艦隊は、英将ウィリアム・

ドレーク麾下の英艦隊の勇戦敢闘もさることながら、英国近海の無茶苦茶な天候に翻弄され、四分五裂、むしろその為に壊滅したというのが通説であって、「もしもあの時、イギリス近海の天候が穏やかだったら、イギリスはスペインに征服されたろう」という歴史を踏まえたジョークである。今、眺めて来たばかりの《コテルテル》《Togo》の二艇は、前述の魔のファストネット・レースに出場、上位で完走したのだった。古今東西にわたる海の歴史の、何と絢爛《けんらん》複雑に綾成《あやな》されていることか。明治の初め、日本陸軍近代化の教師として、遙々来日した独陸軍の俊才メッケルが、渡日の唯一の条件として、「日本でもモーゼル・ワインが手に入るか」と尋ねたという、そのモーゼルの至宝ピースボルターの杯を上げ、初めて巡り遇った三人の海の男が、お互いのボンボヤージを祈り合うのも、世界の海の歴史の一ページではないか。

日本は狭いようで広い。旅はしてみるものである。KYCを訪問するまで、《主人》は、関東と関西のヨットクラブが、こんなに違うとは夢にも思わなかった。

その違いの第一は、自分のヨットと自分の家との間の距離の差である。

日本のヨット・チームが、かつて、初めてシドニー・ホバート・レースに出場し、オーストラリアのヨットマン達と歓談した折り、

「日本では、あなた方は自分のヨットへ行くのにどのくらい時間がかかりますか?」

と質問され、恐らく、シーボニアあたりのヨット乗りであったのだろう、

「二時間半から三時間……」

答えたとたんに、先方のヨット乗り達は、ドッと笑い崩れ、当分日本に優勝をさらわれる心配はないといって安心した、という土産話がある。帰国してから、くだんのヨット乗り達が口惜しそうに、

「最長三〇分だそうだ、シドニーじゃあ。大抵の奴等は、自分のヨットの見えるところに住んでいやがる」

ヨットというものは、仕事が終えてから毎日乗るものだ、と彼等は考えている。自分の艇へ行くのに片道三時間かかるようじゃ、上手《うま》くなる筈はない、という彼等の独断の当否は別として、われわれ関東のヨット乗りは、自分の艇へたどりつくには、好くて二時間、悪くすると何時《いつ》着くのやら判らぬものと諦めている。ところが、関西では——少なくともKYCでは——、クラブから三〇分以上かかるところに住んでいるクラブ員はいません、と事もなげである。関西で三時間も車を飛ばしたら日本海へ出てしまう。「関東」とはよほど広い地方らしい。

従って、クラブ員の連絡——というより懇親、は極めて密で、関東のように、「日本人は、クラブライフを楽しまない。ヨットから上ると、そそくさと消えてしまう」という定説は存在しない。クラブライフを楽しまぬのは、日本人の国民性でもなんでもなく、要するに職（？）住接近か否かという距離の問題に思えてくる。当地では、艇から艇への訪問や交歓は極めて頻繁らしく、折りに触れて「持ち寄り」パーティが開かれる。一艇一品料理を持ち寄り、どの艇の調理がベストであったかの選考が行なわれるというのだから凄まじい。富める者はますます富み、貧しき者は

ますます貧しい、の譬言《たとえ》通り、ますます口惜しいことに、KYCの近傍の浜では、貽貝《ムール》、カキ、アサリ……いくらでも採れる。これはKYCの極秘事項だが、神戸第四突堤沖の州は、無尽蔵のアサリの宝庫であり、海藻等も豊富だから、足りないものは――海で採れぬ――ミソだけということになる。加えて、既述の如く、クラブの隣は酒倉だ。

ところが、世の中のことは一筋縄でいかぬ、と思ったのは、やがて案内されたクラブ・ハウスに食堂がない。正確には、食堂は週末しか営業しない。昔は、神戸のオリエンタル・ホテルの委託で周年営業だったが、ウイーク・デイは商売にならぬので、止めてしまった。

通勤三〇分圏内に全クラブ員が住んでいるのだから、メンバー・オンリーの洒落たバーやレストランに、会員が折りに触れて集まっては歓談し、自分のヨットのマストを眺めつつ家族や客人と食事を楽しむにちがいない……との想像とは裏腹に、私の訪れた週日の夕暮れ時、クラブ・ハウスは森閑として人影が無い。お二人は、私を迎える為に、わざわざ、「ご出勤」になったのだと聞けば恐縮に身も縮むが、この立地条件でも、週日の夜のクラブライフが存在し得ぬとすれば、クラブライフを楽しまぬのは、やっぱり国民性なのか……？

私の疑問に対し、野村さんは、明快に答えて下さった。

「会員の家が近過ぎるんです。船から上ると、みんな、そのまま、まっすぐに家へ帰って、ひと風呂浴びて、飯を食べちゃいます。わざわざここで食べることはない。そうでなくても、料理はみんな船でつくります。名コック揃いですからね。その方がずっとうまい」

私はアッと驚いた。関東のクラブでは、家が遠過ぎるから、クラブライフが育たない、という。関西のクラブでは、家が近過ぎるから、クラブライフが育たないという。KYCで盛んな「クラブライフ」とは、船上又は——後述する如く——近くのなじみの食堂での交歓であって、決して、欧米流のクラブハウスを舞台とするクラブライフではないのである。日本人とは、よくよく、クラブハウスでの飲食には興味の薄い民族らしい。

ここで、ヨット乗りの方々には、全く興味の無い話をする……が、もし、何かの間違いで、少しでもゴルフに関心のあるヨット乗りの方が読者の中に迷い込んでおられたら、以下の記述には、思わず居ずまいを正されるにちがいない。実は、同じ日の昼に、広野ゴルフ倶楽部を訪問したのである。

ヒロノ……と聞いただけで、すべての日本人ゴルファーの足はすくみ、ほおは引きつり、指先はワナワナと震える。聞くところによれば、ヒロノは日本で最も由緒あるゴルフ倶楽部であり、このコースでプレイすることは、日本中のゴルファーの一生の夢なのだそうだ。ヨット・クラブに例えれば……幸い、ヨット乗りには、そのような田舎趣味《スノビズム》はない。

神戸電鉄に「広野ゴルフ倶楽部前」という駅があるから判り易い。なお且つ、有難いことに、このクラブハウスと駅との間の距離はあんまり近いので、その距離の近さがギネス・ブックに載っている。読者は、また《主人》の考え出したジョークかと思われようが、ほんとうに載っているのだそうであって、駅を降りると、もうクラブハウスが見える。古風な英国調の建物で、聞けば、明治某年に英人（？）某の設計で建てられた建物が、昭和三三年に焼失、また全く元通りに再建した。薄暗い吹き抜けの玄関ホールに二階へ上る階段、二階が食堂で、その隣の英国の田舎家を模したバーが好い。古いゴルフ場の例に洩れず、このコースも近隣が住宅地化し、飛球を防ぐ網を張った鉄塔が聳《そび》える状況が、東京近傍の小金井ゴルフクラブを思い出させる。

ところが、副支配人の説明によると、ここでもまた、会員はプレイを終えると、そそくさと帰ってしまう。おおむね、夏でも七時、普通六時でクラブハウスには誰もいなくなる。二〇年くらい前は、よく外人が、昼頃にプレーを止めてダイスを振る姿も見られたが、近頃では、外人までそそくさとしはじめ、メンバー一二〇〇人のうち三〜四〇〇人のアクチブ会員でさえ、「食事は、交通が便利ですから、神戸へ出られるか、どこか他所《よそ》でなさるのでしょう。あんまり遅くまでおられると、従業員も好い顔をしませんし……」と冷やかだ。ここでも、関東とは正反対に、交通が便利過ぎる故、クラブライフが育たぬ、というのである。古色蒼然とした英国調のバーで、プレイ後のスコッチをゆっくり、などとはなかなか乙なものと思うのだが、そのクラブハウスが、夜六時過ぎにはもう灯が消えるようでは、日本に於ける会員制《メンバー》クラブのクラブライフの定着は至難、恐らく日本民族は、欧米とは全く違ったクラブライフの形式を考えねばなるまい、と感銘を深くした。

ついでに、なお、クラブハウスについて論ずれば、クラブハウスなどというものは、もう、古色蒼然のみを売りものにしていては、メンバーが居つかない。来訪者《ビジター》は感激して、さすがに由緒ある……と随喜の涙を流すが、しょっちゅうたむろする筈の、かんじんのメンバーは、口では何といおうと、より近代的で快適などこかの食事場所へ行ってしまう。戦後のゴルフクラブのクラブハウスの多くは、カントリー・クラブらしからぬサイケデリックなデザイン、或いは逆に、わざと田舎風《カントリー》にした貧乏たらしい掘っ建て小屋、或いは、全くデザインの水準が低くて話にならぬ、又は、これでもか、と金ばかりかけた成金趣味……等々の展示会場と化してきたが、最近ようやく、立派で気張らず、気持のよい作品が現れはじめているのを見ると、骨董価値はいざ知らず、日常の用に供する娯楽施設としては、古いものは新しいものにはかなわないなあ、と改めて痛感する。デザイン、立地という観点に立てば、シーボニアYCのクラブハウスなどは、どこへ出しても恥しくない。奇妙なことに、メンバー専用室は裏に押し込められ、クラブハウスだか一般向けのレストランだか不明な点は気に入らぬが、それでもまあ、KYCのレストランが、さっさと週日営業を打ち切っているのに、周年よく店を開けていられるものだと、同業者としては感服している。

関西と関東のヨット乗りの生きざまの違いを痛感した第二の点は、漁協・役人との対応の差である。

徹底した協調路線と見受けられる。

漁業権については、すでに買いとってしまっているから、何の問題もない、とすましておられる。これにも、私はたまげた。三浦半島はいざ知らず、私が社長を勤めていた熱海のホテルの地先の漁業権は、十数年前に、大枚の補償金を払って消滅した筈と思っていたら、今回、再度埋立てが開始されるや、またまた、億単位の漁業補償が堂々と（税金から）支払われた。

「海は土地と違って〝水〟だから、水が入れ代るたびに金が払われるのかな」

と市民は苦笑している。

この如く不可思議な漁業権を一発で買収し、以後、何もいわせぬＫＹＣの政治手腕に脱帽するのみである。

次の難物、役人について、

「では、噂に聞く、巡視船の〝刈り込み〟（洋上での一斉巡検）はどうなんですか？」

と尋ねると、これがあまり問題にならないらしい。聞くところによると、ヨット界の顔役の人が、ちゃんと小型船舶安全協会の要職に収まっている。海上保安庁のおエライさんを、如才なくパーティに招ぶ。安全運転のパトロール・ボートの運航は、なんと、クラブが委嘱されている。すなわち自主規制だ。映倫並みの才覚である。改めて、関東のサムライの硬直性、関西のあきんどの柔軟性を痛感する。関東は筋を通そうとする。小型船舶運転免許制をヨットにまで援用強制するのは世界に例を見ぬ愚挙、暴挙であり、そのような制度に大金を払わせられるのは、自由な市民に対する冒瀆《ぼうとく》である。故に、(関東の)ベテランのヨット乗りは、断じて、免許試験など受けない。沖で〝刈り込み〟に遇ったら、堂々と逃走し、不幸にして追いつかれたら、新憲法に照らし、最高裁まで争う……ようなことは、商人《あきんど》のすることではない。役人は威張らせておいて、実質的に骨抜きにしてしまえばいいじゃありませんか。そのかわり、漁業補償の二度払いなどは、決してない。

以上、お二人が、この通りにおっしゃった訳ではない。《主人《わたくし》》の鬱憤晴らしの表現が色濃く入っている、念の為。

関東の野武士が関西の開化のヨット乗りにかなわぬ点の三番目は、いよいよ、お金の話である。KYCの係船料は七五〇円/フィート/月である。三三フィートの拙艇《蒼竜》なら、年額二九万七〇〇〇円だ。

桁違いか、と検算してみたが、合っている。

これはあんまりではないか。

関東での艇置き料は、まさに、私が桁違いか？と一瞬とまどった通りの、一桁高い金額であることは周知の通り、その事実が、今、関東のヨットの息の根をゆっくりと止めつつあることもまた、周知の通りである。その原因は、いわずと知れた、泊地造成に対する行政の妨害並びに、金になるなら何でも反対、の風潮に悪乗りした漁業補償の二ツである。

では、何故KYCでは、前記のような安いネダンで艇を浮かべておけるのか。

何を隠そう、実は上記二ツの阻止要因が、二ツ共無い。前述の通り、すでに漁業補償は済み、漁協との外交関係は——どのようにするのか——良好に維持されている。実は、佐島マリーナはKYCをモデルに企画し、関西ではスンナリ解決した漁協問題がこじれにこじれ、難渋した（しつつある）という笑えぬエピソードがある。

次にクラブの敷地の土地代は、驚くなかれ、無償《ただ》である。

土地はもともと、県と市のもので、初めは会社で始めたが、途中で、如才なく、社団法人に切り替え、クラブハウスの一階は青少年海の家（市営）に貸してあり、シースカウト、カッター訓練等の活動をKYCが全面協力している。なんとも見事な官民協力であって、これでは行政《おかみ》も文句はいえない。

おもんみるに、古く国際港として開けた神戸は、関東のような田舎ではない。神戸の外人クラブやオリエンタル・ホテルの名前は、モームの小説の中にも散見する。翌々日に視察し、その規模と設備に胆を潰した須磨ヨット・ハーバーが「市営」と聞いては何をかいわんやである。関西一の規模のヨットの泊地を神戸市《おかみ》が造る土地柄だ。その上、その役人を手玉にとる関西のヨット乗り達の腕の冴えを拝見していると、世界中から袋だたきにされること必至のこれからの日本の外交は、一度首都を関西に移し、神戸・大阪商人気質《かたぎ》におまかせする方が好いのでは、と思えてくる。いずれにしろ、これからの日本の対外交渉は、江戸城《かすみがせき》にたむろする関東の野武士の、慣れぬもみ手か作り笑いで切り抜けられぬことだけははっきりしているが、これは「舵」には関係ない。二本のドイツワインを忽ち空けて《のみ》を辞し、案内されたクラブハウスの二階から、暮れなずむ神戸港の方《かた》を眺めると、KYCのヨットの出口を塞ぐように、湾岸道路の橋が建設の最中だ。橋の下のクリアランスの最高は一六メートル、大型艇はマストがつかえる。その為にKYCも移転を余儀無くされ、近日中に、県が補償の為の予算を組むという。

「ヨットクラブの移転に県が予算を？　うらやましいですねえ！」

ついうっかり、はしたないことを口走ったら、お二人は交々、オッシャッタ。

「当り前じゃありませんか。向うの勝手な都合で、こちらが迷惑をこうむるんですから」

二〇〜三〇分の距離内にほとんどのクラブ員が住んでいることのメリットのうちで、見落とされ易いのは、クラブの客あしらい《ホスピタリティー》が好くなることである。客といっても、私のような、陸路の風来坊のことではない。外国から日本を訪れるヨットに対してのホスピタリティーだ。外国ヨット来る！　と聞くや、電話一本で、それッとばかりに人数が集まって歓待し、飲んで騒いで、何かとめんどうを見る。別に外国艇とは限らない。迷い込んで来る内外のヨットに対しては、自分達の艇を防波堤の外にアンカリングしてでも場所を空ける。水の補給、シャワー……当り前の話である……と思うが、ご承知の通り、関東ではこういう接待は、少しも当り前ではない。一体、関東のヨット・ハーバーの客あしらいは、当地《かんさい》では大変に評判が悪い。関西のビッグ・ボートが、関東のあるハーバーへ入ろうとしたら、たちまち木戸をつかれた。入港まかりならん、水、シャワー？　とんでもない。一晩泊めてくれ？　岸壁の外ならかんべんしよう。但し、係留料はバッチリ頂きます……海の男同士、あんまり冷た過ぎるんじゃないか、病人でも出たら、どうしてくれるんだろう、というのが、関西側のもっともな不満だった由。

つれて——関西のヨット乗りにいわせると——関東のハーバー、マリーナの評判は、海外でもよろしくない。何故かというに、日本に来た船は、大抵、帰りに香港に寄り、行き交うヨット乗りの間で情報を交換する。

「カントーへ行ってもおもろうない。キッチリ、きまったレートをとられる。ニシノミヤへ行くとよくしてくれるというぜ。違うか《ネスパ》？」

ここで、お二人のうちの一方が、助け船《レスキューボート》を出してくださった。

「関東のハーバーは、みんな、カイシャだから仕方がないんでしょうねえ。ここは社団法人だから……」

経営者の端くれである私も、近頃、諸悪の根源は——役人とギョキョーに加え——株式会社ではないか、と心配になりはじめている。

クラブハウスには、こういうものが飾られていなければならない。クラブの伝統を示し、歴史を語り、潮の香をただよわせ、人々の心を一つに結びつけるよすがとなる、捨て難いガラクタの山——それが無いクラブはクラブではない。

こういうものとは、どういうものなのか。

まず眼を奪われたのは、クラブハウスの壁を埋めた、地球の隅々から集められたヨットクラブのクラブ旗のコレクションである。何旒《りゅう》あるのやら見当もつかない。見憶えのあるマリナ・デルレイ・ヨットクラブの三角旗、サンフランシスコ・ヨットクラブの星の旗、グレー地に黄色のＷはワイキキ・ヨットクラブ、南十字星をあしらったオーストラリアの国籍旗《エンサイン》……これ等の旗の思い出を肴《さかな》にして飲んでも、一晩はかかるだろう。シーボニアは逆立ちをしてもかなわない、と考えさせられる第一の点は、これらのクラブ旗が示すＫＹＣのヨット乗り達の対外接触の広さ。第二の点は、その貴重な記念品を、挙ってクラブに差し出し、クラブハウスの壁に掲げることで示される、メンバーのクラブに対する愛着と一体感……。

「当り前じゃないか、クラブだもの」

それでは、シーボニアの〝レストラン〟の壁にぶら下げられている交換クラブ旗の、あの貧弱なコレクションは、シーボニアのメンバーの海外活動の貧困をのみ示しているのだろうか。私自身も、何枚かの海外クラブのクラブ旗を持っているが、どうも、クラブか一般向けのレストランか判然としない「クラブハウス」の壁に、思い出ある記念品を「供出」する気分になれない。やっぱり「カイシャ」なのかなあ、シーボニアは……。

　プラモではない、すべて手造り、厚木から削り出したと思われるモデルシップが、何気なく壁際に飾られている。古風なスクーナー、黒塗りの船体、ニス塗りのマスト、たんねんに張られたリギンにユニオンジャック。驚いたことに、宮川事務局長の作品だ。宮川さんは、毎年一月、ロンドンで開かれるModel Engineering Exhibitionをのぞきに行き、世界のモデル狂達と情報を交換する。だが、このクラブには、もっと大きい木造船が飾られている。クラブの入口の脇に、おもちゃのように小さい、合板製の、白いペンキもいささかはげちょろけたクルーザーが、クレードルの上に鎮座している。艄《バウ》に書かれた、消えかかった空色の艦名を読む――《ＫＯＲＡＡＳＡ》！

　一九六七年、当時三八歳の青年鹿島郁夫氏が、シングルハンドで太平洋を渡った、あの《コラーサ》である。

　鹿島さんが航海に使った古風なコンパス、舷灯、ジンバルのコンロ、方探、そして木製のギターなどが、ガラスのケースの中に展示してある。

（いいんだ、いいんだ。関東じゃ《ふじやま丸》が俺のホテルの庭に展示してあるじゃないか）と自分にいいきかせる。そういえば、《ふじやま丸》が台風で打ち上げられた岸壁は、ＫＹＣのクラブハウスの窓から指呼の間に眺められるのだった。

「ところで、田辺さん、今夜のご予定は？」

「せっかく泊ったので、ポートピア・ホテルのディナーのお腕前を拝見しようかと思っています。これでも私はホテル屋ですから」

野村船長は天神ひげをしごいて、

「ウム……お止しなさいよ、ホテルの食事なんかいつでも食べられる。こんなことは滅多にないんですから、私達の行きつけの店へ行きましょう。うまいワインを飲ませますよ」

つまり、これが、ＫＹＣの食堂の成り立たぬ理由である。〝うまいワイン……〟が効いた。

「じゃ、お言葉に甘えて……」

夙川（上方《かみがた》では、これで「しゅくがわ」と読ませる）の駅の近く、「砂時計」という洒落た名の小さなレストランは、店中花いっぱいに飾られ、若いシェフが腕を振るい、チャーミングな奥方が店を切って廻している。

「今日のワインは？」

「ボージョレー・ヌーボーです、八一年……」

「若いね、どうですか、田辺さん……」

「いいですなあ。試してみましょう」

「もう二本空けて来たんだよ」

「どうりで好いお顔色！」

「では、プロージト……ではない、今度はボージョレーだから、ボン・ボワイヤージ！」

「ところで船長、関西は女性のクルーは多いんですか？」

謹厳なる《主人《わたし》》がこういうことを口走るのは、ボージョレーの新酒の効きが早い証拠である。

野村船長は莞爾と笑った。

「いますとも！一艇に平均二人」

「美人？」

「ヤーヤー、いやいや、ウイウィ」

とこの酒は少々悪酔いする。宮川老が、ここで、特種《スクープ》を披露に及ぶ。

「Herr《ヘル》 Nomura, Vergiß《フェルギス》 nicht!《ニヒト》（野村さん、ほら、忘れないで！）あの美人……」

「Ach,《アッハ》 ja!《ヤア》（そうだ！）」

「誰です？」

「ウム、大変な美人がいるんですよ。すばらしいことに熟年でね。ノッポで独身だ。さる一流会社の幹部社員、英語がペラペラ……」

「野村さん、この辺のホテルに支配人の空きはないでしょうか。アタミを辞めてこの辺で働きます。副支配人でもいい」

「考えときましょう」

店を出ると快い夜気。桜の便りも、もうそんなに遠いことではないだろう。昨日まで知らぬ他人だった異郷のヨット乗りと、今日は旧知のように語り合い飲み合い、再会を約す。海とヨットを選んだ人生の幸福感が、突然、電気のように五体を貫いて過ぎる。見上げると、並木の枝越しに、オリオンの三つ星が、過ぎ行く冬に名残りを惜しむように、美しくまたたいていた。

第十九話　ヨット乗りは何故年齢《とし》をとらないか

過日、さる高名なる医師の講演を聴き、大いに学ぶところがあった。これでやっと、ヨット乗りが年をとらぬ理由が判った。

その高名なる医師の見解によれば、年齢《とし》をとらぬ方法は三つしかない。その一つはまっすぐに歩くことであり、その二つは酒を飲むことであり、その三つはリンゴを皮ごと食べることである。ヨット乗りはすべて天邪鬼《あまのじゃく》であるから、順序を逆に説明する。

リンゴの皮については、まったく問題はない。ローリング、ピッチングを繰り返すヨットの甲板で、鋭利なシーナイフ片手にリンゴの皮をむく危険を冒す物好きはいないし、その必要もない。ヨットの上では、リンゴは皮ごと食べる食品である。その高名なる医師の説明によれば、リンゴの皮に密着した果肉の中に、不老長寿の秘薬的化学物質が多量に含まれている由。その物質の学名も化学式も聞いたが、信ずるものにとっては（信じない者には勿論だが）、そのようなディテイルは少しも重要ではない。パイナップルの皮の直下でなかったことを神に感謝するばかりである。

酒についても、恐らく、問題はない。酒を飲まぬヨット乗りはいない……という仮定で話を進める。ただし、適量でなければならない。適量とは如何なる量か。酒を飲み始めてしばらくしたら、同席の友人または配偶者（男性の場合は妻、その他の場合はこれに準ずる）に、自分の言語挙措動作が普段と変りはないか、と質問する。答がイエス、すなわち、変りなし、であれば、その時までのアルコールの摂取量は適量内と認定される。なにやら言うことがおかしい、動作や声音《こわね》が普段と違う、と言われたら、適量を超しているのだから止める。酒というものは、その名医によれば、適量以内ならば不老長寿の妙薬であり、適量を超したトタンに、寿命を縮め老化を促進する毒物となる。

この変転のメカニズム、そのような玄妙な作用をするアルコール中の化学物質の学名・化学式も詳らかに説明を受け、生物学を専攻した主人《わたし》はすべてを理解したが、もちろん、読者の理解を越えると信ずる故、ここには書かないし書く必要もない。何故なら、上記の規準を一瞥したヨット乗りは、この規準はヨット乗りにとって、事実上存在しないに等しいという事実に直ちに気づくからである。

主人《わたし》の《蒼竜《ふね》》を例にとれば、出港し、展帆し、エンジンを切った直後、直ちに酒ビンが甲板に並ぶ。以後何時間航海——と酒盛り——を続けても、乗組員《クルー》一同並びにオーナーの言動は普段と何等変ることはない。すなわち、普段と少しも変らず奇矯であり囂《かまびす》しい。家庭にあっては四対一のドライマティーニ三杯の晩酌の後、女房に、俺の言動は普段と変りがあるか、と質せば、常に、次のような返事が返ってくる。

「変りませんよ。たまには落ち着いて静かになさったらどう、好い年をして」

これを要するに、ヨット乗りとは、行住坐臥《ぎょうじゅうざが》、四六時中、酔っぱらっているとしか思えぬ言動をする人類故、その名医の「適量」の規準をヨット乗りに適用するならば、この規準は存在しない。結論として、飲酒もまた――リンゴと同じく――ヨット乗りにとっては、常に不老長寿の霊薬である。

いよいよ第三番目の長寿の秘訣、「直進」に言及する。

ヨットとは常に蛇行する乗り物である故、ヨット乗り諸兄姉は、「直進」と聞いて、深刻なる挫折感に襲われようが、直進――すなわち、まっすぐに進まねばならぬのはヨットではなく、あなた自身だからご安心ありたい。

件《くだん》の名医の説によれば、人間は次の三通りの歩き方をする（図）。すなわち、（i）つま先を拡げ、ガニ股で歩く人類、（ii）つま先を内に向け、内股で歩く優雅な人類、並びに、（iii）左右の足を常に平行にして歩く稀有なる人類。再び名医の説によれば、（i）と（ii）は長寿の敵、自殺行為であって、炯眼《けいがん》の医師は、ある人の歩き方を一瞥すれば、直ちに、彼または彼女の余命を確定し得ると。

不幸なことに、人類の中の日本族は、周知のとおり、洩れなく第一歩行型式を採用している。昔、私達の母の頃は、女性は楚楚として優雅に、内股に歩いたが、戦後、元気潑溂《はつらつ》としてガニ股で闊歩するのはむしろ女性であって、電車の中で坐る時さえ、その習慣を崩さず、フジ三太郎氏を楽

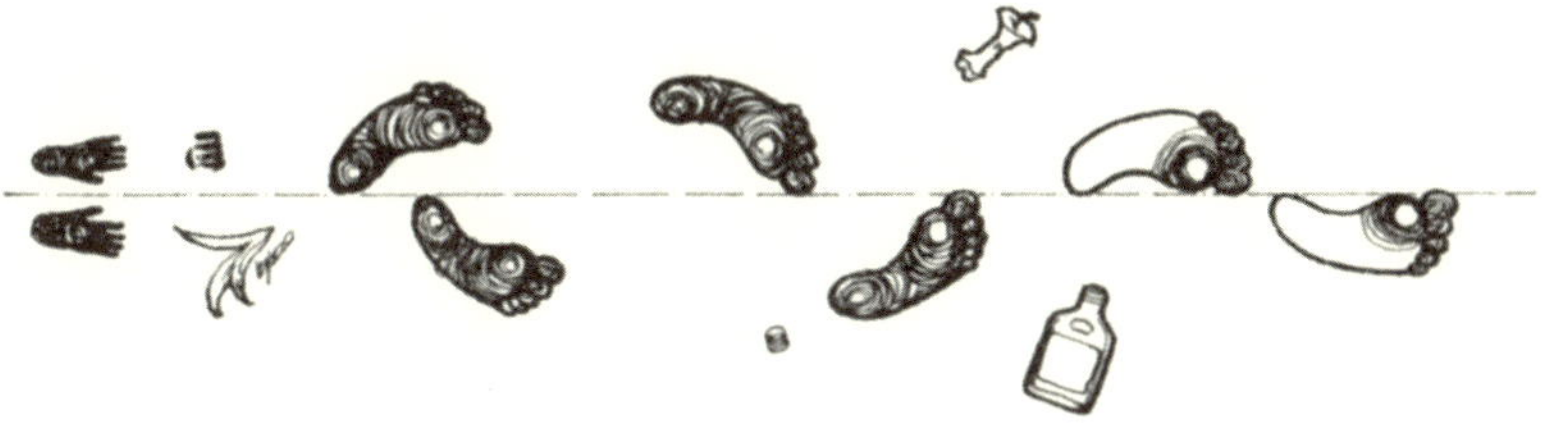

しませてくれる。一方、楚楚として……とはいわぬが、内股で歩き、ソプラノで話す男性がテレビにしげしげと登場して人を驚かす。つま先を内に向け、楚楚として歩いた昔の女性達は、彼女等の夫達より平均六〜七年も長寿であったから、私個人としては、内股の方がガニ股より長命に思えるが、その名医は一刀両断、内股もガニ股も長寿の敵。人間、長生きを望むならば、すべからく両足を平行にして、足の親指のつけ根の辺をバネとして颯爽と闊歩《かっぽ》せよ、と疾呼《しっこ》された。

晩近《ばんきん》の大脳生理学の教うるところによると、このような運動を司る脳の一部が——どういうわけか——人間の寿命と深くかかわり合っている。意識的な筋肉の運動は寿命とは関係がない。すなわち、ジョギング等は、ある筋肉を発達させ、肺活量を少々増し、心気爽快、特に、私のような年寄りの場合は大変に若返ったような気分にさせてくれるが、別に若返るわけではない。生命現象は不可逆だから、どんなことをしても、生命が若返る（逆行する）ことはない。できることは、生命を延長すること、すなわち、老化を遅らせることだけである。

老化を遅らせるためには、前述の如く、自らの意志で働く筋肉の運動は役に立たない。無意識に働く筋肉の運動だけが、脳のどこかに摩訶不思議な作用を及ぼし、老化を延引する。この不思議な作用は、不思議でも魔法でもご祈祷でもなく科学なのであって、生物学を専攻した私には件の名医の説明は大変によく理解できた……ような気がしたが、その点については深く論ずる気はない。人間は誰でも、自分に都合の好い結論に導いてくれる理論の詳説や証明を求めたりはしない。

人間が両足を平行にして、足の親指のあたりで弾みをつけてサッサッと歩くことは、ガニ股でオランウータンのように歩く場合に比べ、体の安定を欠く。その不安定を速度でおぎなう運動の過程において、人間の体は微妙なバランスをとるための無意識な筋肉運動をする。その無意識な筋肉運動が脳に作用し、寿命を延ばす。

神様は、なんと見事に人間の体をお造りになったことか！　足を平行にしてサッサッと歩く姿は美しい。その美しい歩き方が寿命を延ばすというのである。ゴリラのように歩けば寿命が縮む。考えても頂きたい。ガニ股でゴリラのように歩く方が寿命が延びるなどという学説が生れ、人類日本族が現在の歩行型式を固執、促進するようなことがあったら、日本の街路の美観は如何なる惨状となり果てるであろうか。

子供の頃、たしか「少年倶楽部」であったと思うが、未だに忘れられぬ、ある猟師の冒険譚を読んだ。当時日本領だった朝鮮と満州（中国の東北）との国境に横たわる大山系、長白山脈奥深く分け入って猟をすることを業としていたその猟師は、彼自身の、疲れを知らぬ健脚と、飛ぶように早い歩行法とを、彼の獲物である動物達から学んだというのである。

「雪の上に残された動物達の足跡を追う毎日を過しているうちに、私は、動物達の足跡が、まっすぐに、一本の線の上についていることに気づきました。四つ足なのに、二列でないのです。一本の線の上を踏むようにして歩くことが、動物達の敏速で疲れぬ歩行の秘訣なのだな、と直感した私は、それから、心して私自身もそのように歩く練習をし、動物達の歩き方が、人間にとっても、疲れず早く歩く秘訣であることを知りました」

この文章は私の幼い魂に刻みつけられた。以後、私は五〇歳を過ぎるこの年まで一本の線の上を歩き続けた。この歩行法の効果は信じ難いくらいで、中学に進学してから私の率いる集団は、常に競歩で他のグループを引き離して一着をとり続けた。動物の足跡は丸いから、彼等がガニ股で歩いたのか内股で歩いたのかはさだかでないが、人間が一本の線を踏むようにして歩く場合、性素直なる人の両足は平行となる。そうでなくては、カカト（または爪先）がぶつかる。

では私は、ヨットの甲板上でも一直線上を歩き、または、走るのか。

そんなことはない。それは教条主義というものである。かつての拙稿で詳述したとおり（『舵』一九八一年五月号続きゃびん夜話「姿勢」参照）、荒天の日のヨットの甲板上では、誰もが、背を低くし、重心を落として猿《ましら》のように、すなわち、オランウータンのように走る。そうしなければ海に落ちてしまう。私が一本の線を踏むようにし颯爽と歩くのは陸の上での話であり、それが——名医の見解を信ずれば——長寿の秘訣である。別に、ヨット乗りの長寿とは関係がない。

ヨット乗りに関係するのは、まっすぐに歩くことのついでに、その名医が附随的につけ加えた次に述べる長寿法である。

もしあなたが、不幸にして、某社の社長であったならば、あなたの余生は長くはない。副社長、専務、常務がこれに準ずる。万年サラリーマン、窓際族は希望がある。何故なら、通勤に自動車を使わずに地下鉄、国電、バスを常用するからである。ただし、この場合、決して着席してはいけない。シルバー・シートなどというものは、老化促進席とでも名づけるべき悪魔の発明であって、中年者、老人は決して坐ってはならぬ。ちなみに、中年と老年とは同義語であって、中年の正確な定義は「俺もそろそろ中年かな」と思い始めた年齢から、おおよそ一五年前のことである。まだ中年ではない、と信じている多くの中年者は、次の話を涙なくして聞くことはできない。

私の同僚が、ある日、混み合う国電の中で立っていると、前の席に坐っていた妙齢の女性が、何となく彼の膝のあたりに手を触れる。彼は内心ドキリとし、(……俺もまんざらではないな) と思わず心気亢進するのを覚えた。次の瞬間、その女性は立ち上り、どうぞ、といって席を譲ってくれた。

上記の長寿法についての名医の解説は次のとおりである。揺れる電車、バスの中で立っている間中、人間は無意識に体のバランスをとり続ける。この無意識の動作は直ちに脳のある部分を刺激し、老化の減速に著しい効果を表す。その効果は、両足を平行にして、足の親指の根元をバネに、サッサッと歩く場合の効能に勝るとも劣らない。故に、老化を恐れるご来場の皆さんは、――皆さんのガニ股は今さら直らぬであろうから――今後、心して、社用の車で通勤せず、公共交通機関で着席せず（飛行機を除く――降ろされてしまう）、長生きして下さいと述べて、その名医は万雷の拍手のうちに降壇した。

私はこの時くらい、ヨットというスポーツを生涯の伴侶として選んだ身の幸福を噛みしめたことはない。私のほおには、抑えても抑えても抑え切れぬ微笑があった。何という奇跡か。現代医学が研究に研究を重ね、遂に到達した長寿の秘訳とはヨットだった。常に揺れ動く場所で無意識に体のバランスをとり続けること。それこそ、ヨットの上での生活でなくて何であろう。会衆の後について会場を後にした私は、皇居前の暗いお堀端の道を歩きながら、思わず星空に向かって声を立てずに笑った。

「あなたは運動不足よ。ヨットは運動じゃありません。あなたは手下《クルー》をアゴで使って、舵の後ろに立っているだけじゃありませんか！」

いつもそう言って私の健康を心配してくれる女房にこの話を聞かせたらどんな顔をするだろう。

私は舗道の敷石の作る一本の細い線を春風のように軽々と踏みながら、身も心も若やぐ心地で、地下鉄の駅へと歩いて行った。

第二十話　晝の夢（＊）

彼は、夏が終ったことをちゃんと知っていた。

そして、それが彼らの一生のうちで最も美しい夏であったことを。（サガン「熱い恋」）


私達は海からベランダへ登る階段に腰かけて、入江の向う岸近くに浮かぶ二隻のヨットを眺めていた。水際に建つこの別荘のベランダからは、満々と満ち汐をたたえた入江の水面と、対岸の緑の岬と、右手の入江の奥の泊地のヨットのマストの林と、そして、左手に開けた湾口の彼方の水平線とが一眼で見渡せた。沖合から、帆をたたんで帰って来る大小のヨットが、私達の眼の前を通り過ぎて行った。傾きかけた晩夏の陽光は柔らかく、凪の水面に、濃藍の岬の上に、そして、さっきから私達が眺めている二隻のヨットの上に、静かに照り映えていた。入江の対岸の小さな砂浜の沖に錨を打った黒塗りのケッチと白塗りのスループの二隻は、お互いに舫い綱をとり合い、舷を接して寄り添い、マストを直立させ、岬の緑を映した青緑色の水面に影を落としていた。白いスループの艉のあたりに立てられた真紅のビーチパラソルが、大輪のブーゲンビリアを想わせて、目の覚めるように鮮やかに見えた。

「何て綺麗……！」

私の傍で、見事な体をラベンダー色の水着に包んだ女性が、低く呟くようにいった。

私達二人は、今、入江を横切って、私の艇——白いスループ——からこの別荘へ、泳ぎついたのだった。私の艇と舫いをとり合って錨泊している古風な黒いケッチのオーナーが、この別荘の持ち主だった。

「何て綺麗……」

彼女は繰返した。

「入江も、岬も、ヨットも……。私、ヨットがこんなに美しいものとは知らなかったわ」

「僕も自分のヨットがこんなに綺麗だとは知りませんでしたよ」

「あなたの船は、いつも綺麗よ」

彼女は、二隻のヨットから視線をそらさずに、何故そんなことが議論になるのか、という口調で言った。

「ヨット仲間は、そうは思わないらしい。もう二〇歳のおばあさん、不格好な船ですよ」

「あのお隣のケッチも木造？」

「そうですよ。今では珍しい三桁のセールナンバーの古い木造船。僕の船よりナンバーが1番若い。さっき会ったでしょう。あの船のオーナーは、いつでもそのことで僕に威張るんですよ。それにしても、不思議だなあ。セールナンバーが1番違いの古い木造ヨットが、二隻並んで舫いをとって浮かんでいるなんて」

「美しいわ、とても。絵のよう」

そういいながら、彼女は、濡れた肩を自分の両手で抱くようにしながら、空を見上げた。かすかな桃色を含んだ淡いコバルトの空に、刷毛ではいたような巻雲が静かに浮かんでいた。

「夏も終りね。楽しかったわ、この夏……」

「あの晩のパーティ、覚えてますか？」

「覚えてます」

彼女はキッパリと答えた。

「あの岬の稜線に赤い屋根が見えるでしょう？　屋根の左下の茂みの中に見え隠れしている、淡い緑色の見晴し台、見えますか？」

「まあ、あのテラス！」

そういって、彼女は絶句した。

「……あのテラスだったの……」

「石を投げましたね、二人で」

「投げたわ。この入江だったのね。ずい分下の方でドボンと音がした……。すばらしい晩だったわ」

「みんな、したたか飲んで、はしゃいでいた。一二時過ぎなのに、アルト・ハイデルベルクを気取って時計を見て、『おや、まだ一〇時か』なんていって」

「あなたは、口癖の、night is young《まだよいのくち》……」

「暖い、真っ暗な晩だった」

「どこも真っ暗だったから、私、パーティの会場だった家のある場所がどこか、皆目見当もつかなかったの。覚えているのは、岬の先の方の、細い道の行きどまり。広い芝生に囲まれたおうちということだけ。芝生の端のテラスで、飲んで、踊って……あんなに高い崖の縁だったのね。知らないで、ずい分危険なことをしたって訳ね」

「それは比喩ですか？」

私の問を彼女は無視した。

「あんな高い崖の上のテラスとは知らずに……踊ったり、低い手摺りに腰かけたり。床も手摺りも、ギシギシいっていたわ」

「〝恋が彼女の体を地上高く持ち上げた。彼女はほゝえみながら、夢遊病者のように屋根の棟の上を歩いた。彼女はやがて、屋根の上にいる自分に気づいたが、何の不安も感じなかった……〟」

「なあに、それは？」

「ロマン・ローラン。『ジャン・クリストフ』の中の恋する女の描写」

彼女は、それにも答えず、じっと、対岸の岬の茂みの中に殆んど隠れそうな、小さなテラスを眺め続けた。

「あれは七月だったわね。それなのに、もう八月も末。夏って早く過ぎるわねえ。でも、楽しかったわ、この夏は」

「何をご覧になっているの？」

この家の女主人が、私達の背後に現れ、私達と同じように入江を眺め、まあ綺麗！と嘆声をあげた。

「お宅の黒い船と、私の白い船が並んで浮かんでいる姿が、とても美しいと話し合っていたんですよ」

「本当に……」

女主人も私達の傍に坐り、三人は、黙って、夕暮れの水面に浮かぶ二隻のヨットの姿を見つめた。鴎が思い出したように、遠く近く舞い、時間は、ほとんど静止したように、静かに過ぎて行った。

黒いケッチの艉から船外機をつけた小艇《テンダー》が姿を現し、のどかなエンジンの音を響かせて近づいて来た。

女主人が声を立てて笑った。

「あなた方の帰りがあんまり遅いから、うちの船長さんが焼餅を焼いて、迎えの船を出して来ましたよ。帰りはテンダーで行かれる？　それとも、また泳いで？」

彼女が、すっと立ち上がり、ベランダの端に立った。サッとしぶきが上がり、ラベンダー色の水着は水中に消えた。女主人はまた笑った。

「さあ、おじいさん、どうしますか？　水はもう冷たいかも知れませんよ。テンダーで送らせましょうか？」

女主人の言葉通り、夕暮れの入江の水は、薄い表層だけ温く、下は冷たかった。入江を横切って泳ぐ私の前に、二隻のヨットがゆっくりと近づいて来た。

水面から眺める私の視角が、見馴れた景色の現実性を消し去り、入江の風光は、非現実的な、幻想の舞台装置のように見えた。夕陽を受けて茜色に輝くマストは、驚くほど高く聳えていた。船尾《トランサム》をこちらに向けて舫う二隻の姿は、堂々として、常にない威厳をただよわせ、私は敬虔な驚きをもって、改めて彼女等の姿を凝視した。ケッチの黒い船体《ハル》も、スループの白い船体も、夫々の色彩に応じ、暖い夕陽の色に照り映えていた。水面は果てしなく広がるように感じられた。空はすき透るコバルト色の天蓋となって覆いかぶさり、聳える岬の緑は、今塗ったばかりの油絵具のように鮮やかに見えた。その幻想の舞台装置の中に浮かぶ二隻のヨットの姿は、一場の夢だった。

白いスループの艉のあたりに、黒い頭が現れ、ラベンダー色の水着と、大柄な白い四肢がしぶきを撒き散らしながらトランサムのステップを登るのが見えた。その姿は、一瞬、立ち止まり、こちらを見、そしてすぐに、ドグハウスの中に消えた。

（＊〝晝の夢〟：モンテクリスト伯の愛艇の名。なお、この物語はフィクションであり、登場人物の言行に対し、《主人》は一切の責任を負いません。）

第二十二話　エンジン故障！

「ガン」

船体をゆるがす衝撃と同時に、エンジンが止まった。一瞬にして見事に止まった。無気味な静寂が後に残った。式根島と新島にはさまれた開豁《かいかつ》な水道の真唯中である。時に一九八四年八月六日一二時三〇分。

式根島野伏港で氷を補給し、港口を出る頃から、舵を把っていた私はエンジンに力の無いことに気づいていた。

「オイ、力が無いなあ。潮流のせいかナ？」

「そうですね、船底は綺麗なはずだし……」

そういってクルーの金子クンは周囲の緩やかな凪の海面を見回した。今日も快晴の空に真昼の烈日が輝き、《蒼竜》の左舷には黄白色の新島の大砂走《すばし》り、右手、間近には式根島の低い緑があった。

その直後の事故だった。エンジンルーム、といえば体裁はいいがつまりはチャートルームの床下に首を突っ込んでいた細川艇長《スキッパー》がハッチから顔を出し、

「バルブがシリンダーの中に落ち込んでしまいました」

といった。

「(応急修理）駄目かね」

「駄目だと思います」

一瞬、ありとあらゆる想念が頭の中に湧いて消えた。潜水母船《蒼竜》の建造当時、設計者渡辺修治氏は、もし大島以南の島々で潜水をするつもりなら、外洋帆走艇《オーシャンクルーザー》にしなさい、万一エンジンが故障しても、帆走で生還し得る、と強く主張し、《蒼竜》は帆走艇《ヨット》になった。

二一年の後、事態は将に、渡辺さんの危惧していたとおりの状態となった。よりによって、《蒼竜》としては最長の進出距離である式根島の沖合で、二一年間、なだめすかして来たエンジンが故障し、このエンジンを自分の子のように可愛がり、癖も欠点も知り抜いた細川艇長が、駄目だ、と断言した。

(通りがかりの漁船――見当たらぬが――に野伏へ曳航してもらおうか。大島まで帆走して波浮に入れ、東海汽船で帰国するか。いっそのこと、無線で救助を依頼するか……?)

そういう考えを私は呑み込んだ。オーナーが先に意見を言ってはいけない。私は細川艇長の顔を見た。細川クンの考えは、故障の直後に決まっていたようだった。彼の判断は私の考えのどれとも違っていた。彼は事もなげに言った。

「まっすぐ帆走でシーボニアへ帰りましょう」

一瞬たじろいだが、私は平静を装い続けた。

「どのくらいかかるかな」

「七〇浬ですから、四ノットとして一八時間、風次第ですが、幸い、南か南西が期待できます」

「無理のようだったら、波浮あたりに入れるということも考えられるが……」

「考えられません。また船をとりに来るなんて……」

細川クンのいう通りだった。できることならば、この船をなだめすかし、休暇に限りのある人間諸共、母港へ持ち込んでしまうに越したことはない。

「夜間航海になるな」

「そうですね、このメンバーなら大丈夫です、客もいないし」

私達ははじめて笑った。細川艇長の他に金子クン、堀クン、の若手二人、そして私。たった四人だが、この船に馴れ切った顔触れに加え、すでに三日間の洋上生活が、彼らの肌を真黒に焼き、彼らの顔に不敵な海の男の面魂を刻んでいた。《蒼竜》進水以来初めての七〇浬の帆走帰還の決定は談笑のうちに決まったが、その決断を支えたものは、船と、お互いの技倆と心身への不動の信頼だった。その時私は、このような船とクルーを持ったことを幸福に思った。


予定では、今日はゆっくりと新島の東岸を回り、私としては初めて見る新島の裏側（？）の白砂の大絶壁の壮観を楽しみ、波浮で一泊、明日一日かけてシーボニアへ帰港するつもりだった。

細川クンは、予定の航路を変えようとはしなかった。

問題は風である。

《蒼竜》進水以来二〇年の歴史を回顧するに、伊豆七島へ往復の折、順風または横風《アビーム》に恵まれたことはほとんどなく、その当然の結果として、《蒼竜》は常に、シーボニアから目的地へ、海図の上に直線（と若干の折線）を引き、その直線上を機走するのを常とした。二一年目に訪れたこの破局に際し、天は《蒼竜》を見捨てなかった。この夏、開闢以来の好天続きの間中、天はこの海域に、定常的な南の微風を送っていた。惜しむらくは、《蒼竜》一〇トンの巨体に対して、その恵みの風は、いささか微風に過ぎた。なおかつ、その風が北西または北に変わらぬという保証は無い。周知のとおり、《蒼竜》の登り性能は劣悪である。さすがポーカーフェイスの私も、唯一の質問を細川スキッパーにすることを抑えかねた。

「無線は利くかね？」

これは愚問なのである。

細川クンは無線機の中から生まれて来たようなハムである。

一体私たち古狸のヨット乗りは、ヨットに無線を積むことを好まない。せっかく世間のしがらみから逃れようとして洋上に出、なおかつ常に所在をスポットされてはかなわない。

無線が趣味というのなら話は別である。

細川クンは、十何年ものという恐るべき骨董品の無線機を《蒼竜》に積み込み、

「ＰＱＸ‐ＹＺＯ……どうぞ」

何やら呪文を唱えることを楽しみ続けていたところ、このキカイで船検が通ってしまい、私は

政府《おかみ》に対する法外で無法な上納金《おとしまえ》を節約することができた。

細川クンはその無線機をいじりながら、

「シーボニアは水線下ですから通じません。どこかのハムに中継させましょう」

といい、伊東市周辺のさるハム氏を捕捉、「《蒼竜》エンジン故障、帆走にて帰港の予定、約二〇時間かかる見込み」とシーボニアへの電話を依頼した。折り返し伊東ハムから連絡があり、シーボニアからの返事を伝えて来た。曰く、

「ソノママゴユックリドーゾ」

細川クンは伊東ハムに電話料の送金先を問い合わせたが、先方は「ご心配無く」とのことだった。なんだかヨット仲間よりもハム同士の方が仲が好いような感じがした。


細川クンはスピンの展張を命じた。グッと船足が増した。左手には新島の白い砂の絶壁が天に聳え、延々と続く砂浜には、この真夏の最盛期にもかかわらず、おかしいほどまばらな海水浴客の姿が遠望された。豪快なスピンランはみんなの気持を明るくした。

「野伏で氷を買ったのは正解だったナ」

「そのとおり。ビールはしこたま積んでるが、氷が切れていた。冷えたビールの無い二〇時間は辛い」

「天はわれわれを見捨てずだ」

そう言いたくなるような甲板の暑さだった。

この〝苦境〟にもかかわらず、釣糸を艇から流すクルーたちの余裕に私は感銘を受けた。たちまちシイラとサバが一匹ずつかかった。往路では約三〇匹のシイラと二〇匹のソーダ鰹を釣り上げ、もうわれわれはシイラには食傷を通り越していた。

「シイラは捨てろ！」

専ら魚を開く役回り（上手だから）の細川クンが、恐怖を感じて怒鳴った。堀クンが反論した。

「これはサバです！」

金子クンが考え深気に、

「堀さん、大丈夫ですか。捨てられぬようにとシイラがサバに化けてるんじゃないですか。少したつと、サバがニッコリ笑って、実は私は、といってシイラに戻ったりして……」

細川クンは金子クンを引き連れて〝エンジンルーム〟にもぐり込んだ。熱暑の船内で、これは相当以上の苦業である。一時間ぐらい経った頃、一縷の望みを抱いて私は、どうかね、と声をかけた。いつの間にか新島の線を過ぎた頃から風は落ち、「平均四ノット」の目算は狂いだした。工作班の方から返事が返って来た。見事に錆びついたシリンダーヘッドがびくともしない。四本目のボルトが難物である。

「今、ボルトを外すための〝治具〟の工作中」

とのことである。この船の乗組員（私を除く）の顕著な特質は、他人を頼らぬ、という精神である。
私自身は、無線は？　救助艇は？　最寄り港へ入港して、公共交通キカンで……ありとあらゆる他人の助けを発想するのに反し、このまま真っ直ぐに自力で母港へ帰りましょう、という艇長《スキッパー》の判断は、《蒼竜》の伝統精神の精華であり、この精神を培った原因の一部は、まぎれもなく、他人は当てにならない、なかでも、オーナーの財政能力《さいふ》はまったく当てにならない、というクルーたちの確固たる信念だった。そこでウチのクルーたちは、エンジンが壊れたら自分たちで分解修理する、分解が不可能なら、分解するための道具を自分たちで造る、という精神を身につけた。家貧しくして孝子出ず。オーナーが金持のヨットにおいてクルーに自助の精神を身につけさせることは、ラクダが針の穴を通過するよりも難しいとキリスト様もおっしゃっている。

三時間かけて、油とビルジで真黒な顔になって、工作班はとうとうエンジンを分解してしまった。微風、凪とはいっても、黒潮が音を立てて流れる海域だから、船はじっとしている訳ではない。なかんずく、追い風は覿面《てきめん》に船酔いを誘うから、工作班のこの敢闘精神は特記に価する。細川クンは笑いながら、

「この間ヤンマーの人に見てもらった時に、一度分解して調整しろ、といわれたんですが、四番めのボルトのところで諦めてしまったんです。今日は時間は無制限にあると判っていたから、徹底的に闘いました。見て下さい」

野伏港口で、私が、エンジンに力が無いナ、といった時、バルブはすでに緩んでいた。私の予

感が一瞬遅かった。バルブはシリンダーの中に落ち込み、シリンダーヘッドに半月型の溝を刻んでしっかりと食い込んでいた。エンジン修復の望みは断たれた。

一八時過ぎ、傷ついた《蒼竜》は大島の東岸をゆっくりと北上していた。嗚呼、あまりにもゆっくりと……。風は殆んど絶え、すさまじいウェーキの音を立てて新島沖をスピンランしていたことが遠い昔に思えた。やがて大島の黒々としたシルエットの向うに夏の陽が沈んでいった。私たちは、ダラリと帆をたるませてたゆたう船の上から、美しい夕景を眺めた。淡い茜色の空に紫色の鰯雲が棚引いて動かず、轟音をあげてジェット機が飛び過ぎ、振り返ると、艉《スタン》の真後ろの空に半月が白く輝きを増し、キラキラと波に影を落とし始めていた。私は（一体この調子では明日中にシーボニアに着けるだろうか）と自問し、まだ二日の余裕のある航海計画《スケジュール》を神に感謝した。

「五分前！　起きて下さい」

堀クンの声に飛び起き、すぐ甲板《コックピット》に出た。闇の洋上に遠く近く点々と大小紅緑の灯火が見えた。本船（大型船）航路の唯中にいることは明らかだった。眠気がいっぺんに吹っ飛んだ。かすかな追風を受けて行き足があることを確かめて私は少し安心した。巨大な本船に一《ひと》当りされたら木造の《蒼竜》などひとたまりもない。それなのに、機走力の無い《蒼竜》には、高速で近寄って来る本船を避けようがないのである。こんな小さな木造船は、なかなかレーダーにはかかるまい。

本船の夜間の見張りがどのくらい当てにならぬかをトロール船の舵を把っていたことのある私はよく知っていた。

「オーナー、三崎から外れてもいいから、できるだけ最短距離で本船航路を突っ切って相模湾の奥に入って下さい。金子、本船が近づいたら、このライトで帆を照らせ。誰か落ちたら、この点灯ブイをすぐに抛り込め！」

細川クンの言葉に私は身震いした。〝誰か〟といっても私と金子しかいない。機走力どころか帆走力もほとんど無い《蒼竜》から万一落ちたら、恐らく助かるまい……。

「いやあ、さっきまではひどかったですよ」

細川クンが笑いながら言った。

「まったく風が落ちて、いろいろやっているうちに、今度は風が回って、よく見ると、艉《スタン》が波を切って後進で走っている……」

「今は？」

「少し西に回りましたが、まだ南です」

私は振り返って暗い水平線に眼を凝らした。点在する本船の灯火の彼方に、ピカリと光る灯台の閃光が見えた。

細川クンが気づいて、

「風早です」

といった。

「なかなか離れません」

久し振りに闇の洋上で舵輪を握った。金子クンは夜間に本船航路を横切るのは初めてだった。

「よく見てろ。向うは早いから、早目早目に航路を読んで回避する。本船は東京湾へ向かうから航路は一定している。航海灯の角度に気をつけろ。角度が変わらなければ接触する……」

「スリルですね」

「こんな真夜中に、よくまあこんなに沢山船が走っているものさ。今に見ていてごらん。本船航路を抜けると、ウソのように居なくなって淋しくなるから」

私のいったとおりになった。いつの間にか本船航路を抜けた《蒼竜》は、真っ暗な海の中にポツンととり残された。満天の星だけが頭上にあった。白鳥は思い切り鵬翼を拡げて銀河を下っていた。北極星をとりまく北斗とカシオペアの、ついぞ見かけぬ配置が面白かった。太平洋高気圧は動かず、風は思い出したように息づき、そしてまた止んだ。北に回らぬことだけが救いだった。遂にビールが無くなった。右手の水平線とおぼしきあたりにいくつかの閃光が点滅した。房総洲崎がその中にあるはずだった。海図を調べたが、不思議なことに、一向に要領を得なかった。私は口汚い言葉を吐き、長年の航海歴の間に遂に私を裏切らなかった別の方法に頼ることにした。すなわち、見当である。やがて交代の時間が来、私と金子クンは、細川クンと堀クンに船（と自分の運命）を委せ、バースに転がり込み、たちまち深い眠りに落ちた。

起こされた時、海上は曙の光を漂わせて、相変わらず緩やかにたゆたっていた。東の水平線には淡い雲がまつわり、船はゆっくりと北上を続け、一時の方角に間歇的に閃光がひらめいた。それは劒崎の灯台であると期待された。

「少し早過ぎる……」

と細川クンは贅沢なことを呟いた。あんまり早く小網代沖に達しても、《蒼竜》は自力で入港する力を持たない。すでに無電を入れてあることだし、できればシーボニアのハーバーマスターが《蒼竜》の帆影を認め、テンダーで迎えに来てくれることが望ましかったが、聞くところによれば、株式会社シーボニアの出勤時間は九時三〇分だった。

あたりは薄皮をはぐように明るさを増していった。現代文明社会は、人々の生活から〝夜明け〟を奪った。まして、洋上の夜明け！　何回繰り返しても、その感動は人の心をかき立て、胸をしめつけずにはおかない。私は、今回の航海の予定になかった洋上の夜明けに立ち会える幸運を、故障したエンジンに感謝したくなった。四時半を過ぎた頃、東の水平線にまつわる低い雲の端にポッリと輝く一点を認めた。私たちは凝視し続け、私はカメラの諸元を調整した。一点はたちまち半円となり、とろとろと燃えるようなバーミリオンの円盤となって昇り続けた。その輝きは波に映じ、ムンクの絵のようにユラユラと揺れ動きながら《蒼竜》の舷側に達した。こんな時間に、一隻のヨットが反航して来て、きらめく陽の反映の中を通り過ぎた。それは一幅の絵だった。私はカメラのシャッターを落とし続けた。陽は昇り続け、濃いバーミリオンの色は徐々に白光に変じ、たちまちあたりの空気を暖め、新しい灼熱の夏の日の訪れを予告した。
長い間忘れていた歌劇「マノン」の一節が、不意に私の心に浮かんだ。
恋人同士が眠るベッドの上に、朝日が射し込む。男は優しく歌いかける。

青きみ眼《め》開けてよ、日出でぬ
み空に高く　ヒバリ歌うよ
めざめよ　めざめよ

乙女はパッチリと眼を開く。二人は声を合わせて歌う。なにしろデカダン的官能美の巨匠マスネーの傑作だ。

恋は夏の光　あついよ
うつつに歌うわ　恋歌
み空に輝く日は　胸の火
……

いつものことながら、城ケ島に近づくにつれて、風が弱まる。荒天《しけ》の航海の後ならば、それはまぎれもない天の恵みなのだが、今日の《蒼竜》にとって、この朝凪はなおそれから四時間の停滞を意味した。幾隻かの漁船が、轟音をあげて付近を通過していった。私達は、最後に残った一缶のビールを回し飲みした。誰にも判らない理由によって、気がつくと、《蒼竜》は小網代の入江の口に来ていた。九時二〇分だった。細川クンはさっきから、無線にとりついていた。無線はガーガーと騒々しい音を立て、ありとあらゆるハムとの朝の挨拶を可能にしたが、シーボニアだけは出なかった。私たちは、洋上では自分以外、何者をも頼ることはできぬという海の掟を再確認した。朝凪が終わり、かすかな風が《蒼竜》にあるかなきかの行き足を与えた。逆に《蒼竜》一〇トンの持つ慣性《ゆきあし》が問題になってきた。エンジン逆転の方法の無い《蒼竜》は、ある瞬間にメンとジブを下ろし、下駄箱のように狭いシーボニアのバースに進入し、ポンツーンに衝突する寸前に行き足を止めるために舫いロープをビットに固定しなければならない。

私は船用眼鏡で懐しいシーボニアの朝のたたずまいを仔細に点検した。三角屋根のレストランでは、開店の仕度をするウエイトレスの姿が見えた。ハーバー事務所に人影は無かった。「無線に応答が無い訳だ」細川クンが呟いた。港口が近づき、四人は獲物に飛びかかる前の獣のように身構えた。細川クンが、「代わらせて頂きます」といって舵輪を握った。《蒼竜》はゆっくりと朝の泊地の静寂の中に入って行った。艇長の命令一下、前甲板に走った三人の動きにつれて二枚の帆は魔法のように消えた。《蒼竜》はゆっくりと艏をバースの中へ向けた。金子クンが飛び降りて舫いロープを堀クンに渡した。《蒼竜》は、まるで何事もなかったように、住み馴れたバースの中央にピタリと停止した。ちょうど九時半だった。まるで湧き出したように、ハーバー事務所に人影が現れ、夏のヨットハーバーの一日の始まりを告げた。私たちは、とうとう自分たちだけの力でこの足なえの老貴婦人を式根島からここまで運んだことに満足し、艇長の下した判断の正しさを確認した。

「おい、冷たいビールが飲みたいな」

と私はいった。

「もう金子が買いに行きました」

と細川クンが答えた。

第二十二話　長く暑かった夏《ロングホットサマー》

「異常気象が発生するためには条件がある。それは、同じ天気が長期間にわたって何日も続くことである」（朝倉正著「異常気象に備える」）――八四年八月二〇日　日本経済新聞夕刊〝鐘〟欄より。


日本人はいつから、こんなに人生に対して皮肉に、投げやりに、ぐちっぽくなったのだろう。何事にも文句をいい、満足と感謝ということにご縁がなくなってしまった。

今年の夏は「異常」だったのだろうか。

そうではない。

では何だったのか。

「稀有《けう》」である。

稀有とは、めったに起こらぬことという意味である。普通は、雰囲気として、好いことに使う。「稀有の幸運」という。「稀有の災害」といわぬこともないが……。


ヘッセの、あの忘れ難い青春の記「青春は麗し」は、次の句で始まる。私は今、この文章をワイキキはイリカイ・ホテルのテラスで書いているが、東京の私の書架にある岩波文庫を参照しなくても、関泰祐訳のその句を書くことができる。だから私は、あの忘れ難い……とはじめに書いた。

「夏休みはこうなければならない。山々の上にリンドウ色の空があった」……。

この夏の間、私は何回、このヘッセの言葉を思い出しただろうか。この夏は、まさに、そのような夏だった。水平線の上には、常に、白い雲の峯と、そしてリンドウ色の、つまりは濃いコバルト色の空があった。何日も何日も、そのような日が続き、ヨット乗り達の肌は、一日一日とその濃さを増した。思い出してみても、少年の頃の思い出の中以外に、そんな夏はなかった。暑く、激しく、いつまでも続く夏だった。朝倉氏の言葉のとおり、「同じ天気が長期間にわたって何日も続」いた。これを「異常」というのか。それならば、私は「異常」を天に感謝する。否。これは「異常」ではない。これは「稀有」である。私達は今年、「稀有」な夏を持った。私は、神に感謝しつつ、この「稀有の夏」という美酒《うまざけ》を飲み干した。そうでなければ、私はヨット乗りではない。

八月四日の《蒼竜》の航海日誌《ログブック》——

「こんな夏はなかった。ハーバーの小蹊《みち》に咲きこぼれる白い夾竹桃、微風、したたる汗、うつむくと、鼻筋からも、毛の先からも流れ落ちる汗の快さ！　すでに一週間も、こんな天気が続いている。何という贅沢！　こんな日に、式根島目ざして出航できるとは」

「こんな平穏な航海は何年振りか。強大な太平洋高気圧に覆われ、光り輝く盆《ぼん》と化した海。人はこれを〝異常気象〟という。笑止」

「一一:三〇。シイラ掛かる。大小各一。不漁の時期は過ぎた。(《主人》注。春に行なわれた熱海ケッチ・レースの折、同時に行なわれた引き釣りコンクールの優勝艇の漁獲は小型のサバ二匹。他の四十数隻の漁獲は皆無。〝異常〟な冷水塊による〝稀有〟の不漁と伝えられた)。金子の面目は保たれた(《主人》注。今回のメンバーの一人、金子クンが乗ると魚は釣れぬというジンクスが《蒼竜》にあった)。鏡のような海面。濛気。三浦は霞み、大島は見えず、陽は中天」

「一一:四五。次々にシイラ掛かる。トビウオが水面を走る。するとシイラが掛かる。トビウオをシイラが追っているのだ。『チエホフの手帖』の中の一句を思い出す。〝ボラが水にはねる音に夕暮の抒情を感ずる時、あなたは詩人だ。それはボラがカマスに追われている音だと知る時、あなたは現実主義者だ〟。バケツの中に躍るシイラ。体長六〇センチが一尾、五〇センチが二尾。淡い藍色の海、水平線に幻のように浮かぶ入道雲」

「一二:三〇。三六〇度水平線。ウネリもなく、淡いブルーの海、淡いブルーの空、濛気の中に瀰漫《びまん》する陽光。シイラ、ソーダ(鰹)、すでに十数匹。前甲板のカンバスチェアーに身を沈め、冷たいウオッカレモンをすする。正月のシドニー・ホバート・レース以来焼き続けた肌にじりじりと照りつける陽光が心地好い。舌に残るシイラのサシミの味。帆をたくしたバウのかすかな上下動《ピッチング》越しにじっと水平線を見つめる。たった一〇メートルのボロ船の上の、この王侯貴族も及ばぬ栄華!」

（影の声。〝航海日誌は、こうなくてはならない〟）

サラリとした潮風が快く肌をなぶる。眼の前のイリカイの泊地はマストの林。その彼方に濃い藍色の水平線。赤銅の肌を露わにした男女が行き交う。熱帯の陽光に照らされて白く輝いて泊地を埋めるヨットの船体《ハル》、ブルーと黄土色《オークルジョン》のオーニングの色が鮮やかだ。だが私は、航海日誌を続けなければならない。

《汗》流れる汗、快い汗、肌を伝い
毛先からしたたり、
かがみ込むと、焼けたエンジンの上で
弾《はじ》ける汗、コックピットの床に
抽象画を描き、体中の鬱と躁を
絞り出し、洗い流す汗。

《酒》ビール、チュウハイ、ジン、
ウオッカ・トニック……
いくら飲んでも、

どこへ入り、どこに消えてしまうのか。
ヨットの上の酒。
陸の人間が、
『え!?　飲酒運転では……?』
中曽根に聞け。

《夏》　夏、これが夏だ。
眼路の限りの青だたみ、
育ち切った金床雲、
艏《バウ》の切り裂く波音
こもったエンジンの響き。
中天の烈日に燃える肌
——これ以外に〝夏〟はない。

《しいら》　しいら、
かかりだしたら、いくらでもかか

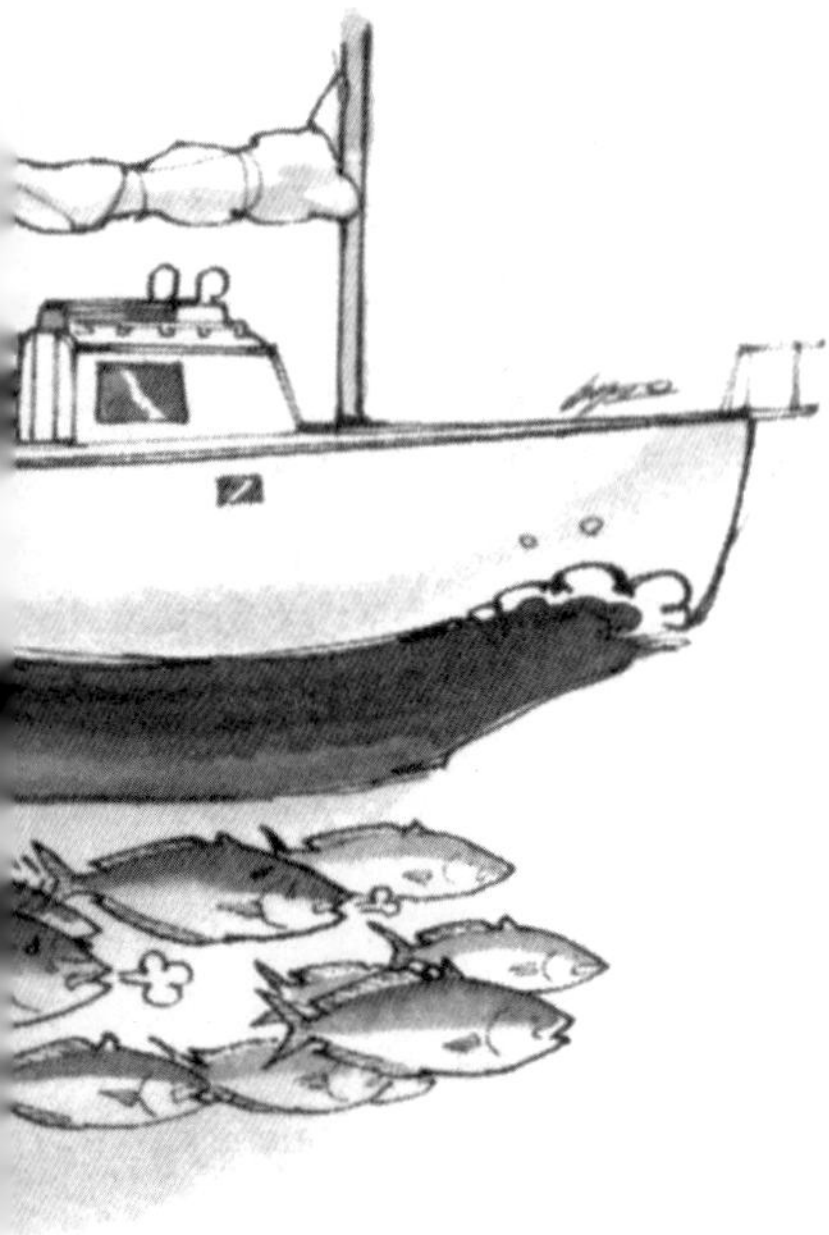

しいら、
哀しい　しいら、
甲板に躍り跳ねる七彩の肌が、
たちまち　バケツの底で
うす汚れた黄緑に変わる
哀しいしいらは　六四センチ。

《こんにちは、お日さま》
こんにちはお日さま
久し振りですね
あなたは　私の真正面　マストの
私達は二人きり。
クルー達は　コックピットに集ま
しいらの開き作りに　一生懸命
だから　お日さま
私達は　二人きり
シャツも　帽子も　脱ぎました

何のお話を　しましょうか
ずい分長い　おつきあい
逗子の浜辺で　甲羅を干していた少年を
お日さま　憶えていますか
それから　あなたは　ずい分いろいろな私を
見て来られましたね　でも
いつも思い出すのは　熱い夏の日
あなたはいつも　まっ白な光で
私の肌を焼き　なにもいわず　じっと
私をみつめて……五〇年が　過ぎました。
でもお日さま
こんなにしみじみと　あなたと話をするのは
もしかしたら　はじめて
そんなきもちになれるほど
私も年をとりました
あなたも年寄り　でも　あなたは長生き
私は　お先に失礼します。

それでも今日は　海は静か
空には　かすかな　秋の気配
心なしか　あなたの光も　穏やか
シャツも帽子も脱いで
私達は　二人きり
水平線の上に　大島の淡い影が
見えてきました。

「一三：三〇。水温二八度C。

大島の東にかかる頃から、針を入れればしいらがかかる。もう数えない。〝数え切れぬ〟という言葉が比喩でないことを実感。さすがの細川スキッパーが、しいらは捨てろ、といいだす。ソーダ鰹だけをとり込む。小さなしいらを逃がしてやりながら金子クンが、

『可哀そうに。親の教育がよくなかったな』

引き釣りの針に魚がかかるたびにエンジンをニュートラルに入れるから、船路ははかどらぬ。だんだんと魚の扱いが粗雑になり、一匹などは、甲板で跳ね、スカッパーを抜けて海へ帰って行った」

ここで私達は、一つの教訓を得る。

魚というものは、かかりだしたら、面白いようにかかる。カツオまで——つまり、予期していなかったものまで、かかってくる。今日のように、ずい分釣り落としても、その残りが食べきれない。

この現象はそのまま事業《ビジネス》に当てはまる。

マーケット（市場、つまり需要）のあるところに針を入れさえすれば、事業というものは面白いように儲かる。その意味では、事業とは努力でなくて勘である。今、人々が何を求めているかを知る勘を持った人物に幸いあれ！　その商品の内容の良否や道徳性や美観など問題ではない。客が何を求めているか、つまりは魚はどこにいるかを感知する人間が商売の勝利者だ。世の中には、あきれるばかりに金を儲けている会社や個人が存在する。人は彼らの努力や精進をあげつらうが、実は、その会社、または人物は、どこに魚がいるかをちゃんと承知していたに過ぎない……というのは褒め過ぎで、事実は——今日の《蒼竜》のように——引っぱった針が偶然魚群の真唯中を通過したに過ぎない。加えて、「経済環境」が好転していた。この場合は、春の冷水塊が消えた。水温二八度Cがそのことを示している。

結論：儲かって儲かって仕方がないような会社（巨大ヨットのオーナーに多い）の好業績は、彼らが針をおろした海域が偶然マーケットの真中であったことに起因するのであり、なおかつ、経済環境が偶然好転した結果なのだから威張ってはいけない。すなわち、商売は勘でさえもない。では何か。運である。

《蒼竜》はこの日、もう一つの経済学上の真理を学ぶ。

波浮も間近い筆島の沖に来かかった《蒼竜》は、艏前方に濃密な鳥山（海面に群れる鳥の大群）を見、クルー達は色めき立った。周知のとおり、鳥山は魚群の指標《しるし》である。話は逆で、魚群が水面近くにいるからこそ、その上に鳥が群れる。今日半日の漁獲から推量し、われわれは前方の鳥山の下に——望み得べくんば——カンパチの大群を予期し、すべての針を艉に投げ込み、海鳥の群を蹴散らしつつ件《くだん》の海面を往復したが、遂にくらげ一匹かからなかった。

教訓：市場調査《マーケットリサーチ》などというものを信じてはいけない。必要なのは「市場《さかな》」であって「調査《とり》」ではない。もっとも、本当の商売人で市場調査に頼るような者はいないことを、ビジネスマンはよく承知しているが……。

再び航海日誌《ログブック》——

「逆行に輝く大島の西岸は、まるでハワイだ。むくむくと盛り上がって山肌を覆う濃い緑。艏用双眼鏡でのぞくと、鬱蒼とした夏草の原一面にバーミリオンの山百合が咲き乱れる。断崖に道はなく、自然を毀《こぼ》つ人工を拒む。山嵐の烈風に《蒼竜》は大きくヒールする」

「十六：三〇艏前方の水平線に、新島、鵜渡根、利島が霞む。夕空に巻雲がかかり、東の空高く白々と昼の月。今、一隻のヨットの白帆が波浮へ入って行く。何ものにも代え難い、宝石のように貴重な夏の一日が過ぎて行く。

哀しい。

花火の最後の一発のように、一匹のトビウオが、夕暮れの水面を低く飛び去って行く」

第二十三話　日本木造艇倶楽部発会宣言。

"All labourers of the world, unite!" Karl Marx, Friendrich Engels.
(万国の労働者、団結せよ！　カール・マルクス、フリードリヒ・エンゲルス)

本クラブは、木造ヨット、ボートのオーナーをもって組織する。会合は——そのようなわずわらしいことは——行なわない。年に数回、会報を発行することをもって会合に代える。メンバーが随時、勝手に会合を持つことは妨げない。したがって、会費はとらない。メンバーは、会報発行の実費を割勘で負担する。もしある時、会報が多数のカラー写真を含む上質紙の部厚いものとなれば、負担金は莫大なものとなる……可能性がある。この会報デラックス版は、美しく装釘され、好事家、蒐集家の垂涎の的となり、法外な高値を呼ぶこととなろうが、メンバー以外には頒《わ》けない。

もしメンバーが希望し、そのような雑事のために重い腰を上げる奇特な人物がメンバーの中にいれば、ワッペンとクラブ旗を作る。ヨット乗りなら——でなくても——のどから手が出るほど欲しくなるようなデザインになるはずだが、もちろん、メンバー以外には頒けない。

いずれにしても、クラブを結成するかしないうちにワッペンができるなどということは、し、た、な、い、真似はしない。気が向いたらその時に考える。ヨットの上では、時間はゆっくり流れる。

会報は、はじめは、内容本位でゆく。珠玉の名篇が集まれば——集まることになっている——

ガリ版刷りでも価値がある。マルクスの資本論の装釘を云々する者はいない。岩波文庫で一冊約五〇〇円（ただし九冊組）で買える。ニューヨーカーという雑誌は、薄っぺらで、写真一枚載っていないが、都会人向きのなかなか読ませる内容のせいか、誰も憶えていないくらい昔から続いている。

ある時、ウォルト・ディズニーの映画をニューヨーカーがこきおろし、ディズニーが腹を立てていると、ディズニー付のお気に入りの看護婦ヘーゼル・ジョージ女史が、

「あんな都会の田舎っぺがいうことを、どうしてそんなに気にするの？」

といい放った。ウォルトは感心して、

「やっぱり学のある人は、ちょいとばかり言うことが違うねえ！」（ボブ・トマス「ウォルト・ディズニー」玉置悦子／能登路雅子訳・講談社）。

ヘーゼル女史もディズニーも、自分たちが「学がある」などとは毛頭思っていないところに、このやりとりの面白味が

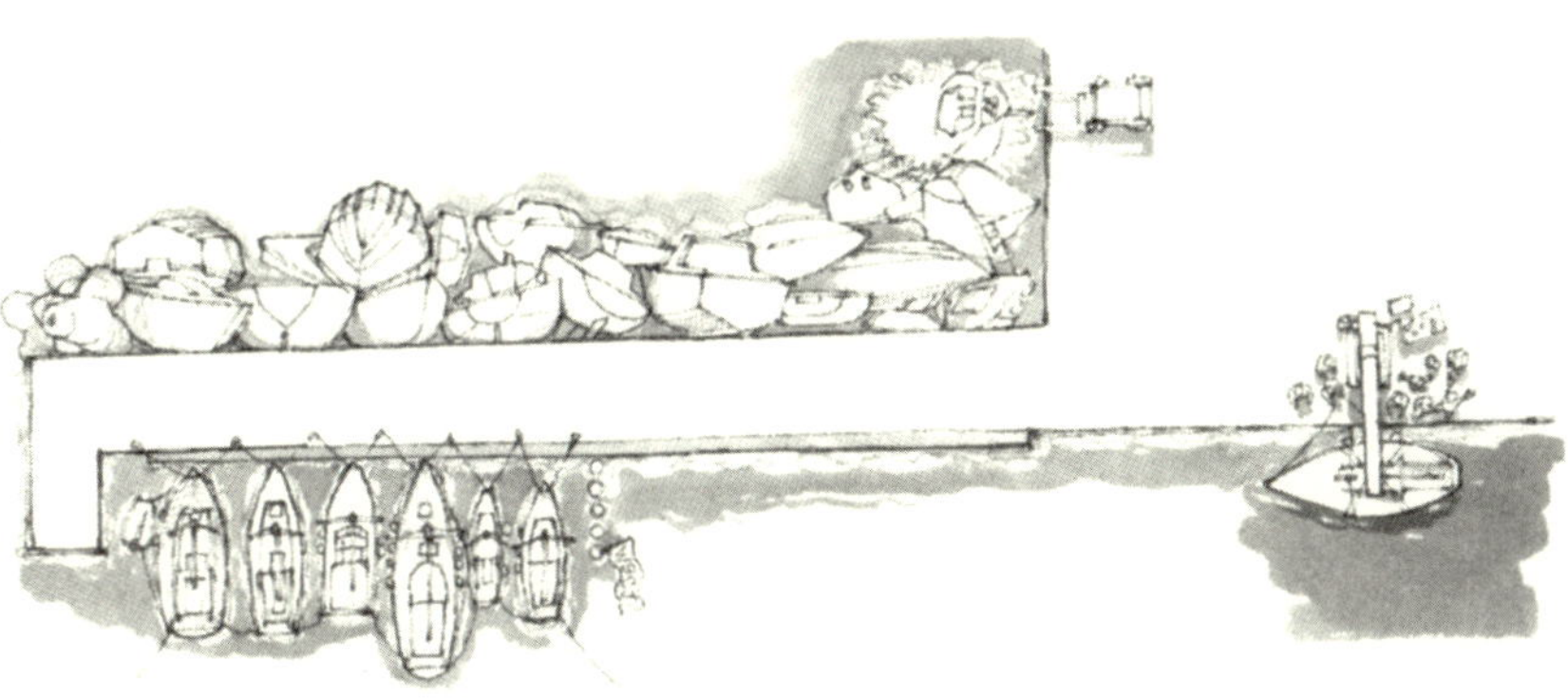

ある。木造艇のオーナーは、ヨット乗りというものは、なんとなく都会の田舎っぺ的雰囲気を持っているという自覚があるが、一般にFRP艇のオーナーは、自分たちは洗練された都会人だと信じているから、彼らをからかうのは危険だ。

この会のメンバーは、少数精鋭である。そうならざるを得ない。何故ならば、木造艇の数は少く、その上、年々減る一方だから。試みに、拙艇《蒼竜》——木造である——の浮かぶ小網代湾近辺の古い木造艇を拾ってみると、NORCの副会長大儀見さんの《シレナ》二四フィート、セールNo.一七九、拙艇のお隣りの栗林さんの《K7》四五フィート、六六七、諸磯在泊、金原さんの《ロータス》三六フィート、三五五、小網代フリート福永さん《足柄》三二フィート、六一七、不肖《蒼竜》三三フィート、三五六、池村さんの《スリー・スター》三八フィート、一〇五二、後は思いつくままに船齢は問わず、《オコゼ》《ラス》《朝風》《ラドンナ》《風花》《彩雲》……こんなところであろうか。

《シレナ》以下《蒼竜》までの五隻のセールNo.に注目ありたい。すべて三桁、船齢おおむね二〇年、半生を海に捧げた一筋縄ではいかぬオーナーが顔を揃えている。しかも一隻（《蒼竜》）を除き、今も進水当日と少しも変らぬシップ・シェイプを維持し、時の試練に耐えた自信と、威厳と、優雅さをたたえた姿を水に映している。

木造船とはいいものだ。釘が打てる。つまり、好きな場所に額が掛けられる。ノコギリで切れる。細工が楽しい。人間と木とのつきあいは古い。お互いに気心が知れている。折れる時には、とことんまで撓《しな》い、メリメリと悲鳴をあげて人間に助けを求め、警告を発する。アルミマストのように、予告ナシに三ツに折れて頭の上から降ってきたりはしない。人間とアルミのつきあいは、僅か二〇〇〇年である。ＦＲＰに至ってはたったの二〇年だ。お互いによそよそしい。一体ＦＲＰが、どのくらいの年月で老化し、分解するものか、どのくらい強いのか、どういう風に壊れるのか、人類の誰にも判らない。いつか《蒼竜》をマリンパークの沖の岩にのし上げた時は、尖った岩の上に船腹がのっかってしまい、船は傾き、ウネリに揺られ、右舷の水線下の二重の外板がメリメリと裂け、肋材が折れ、海水が吹き出した。このような状況を人類は直ちに想像することができ、事実、想像どおりの状況になるから、対応手段も予測できる。通りがかった（ＦＲＰの）パワーボートに引っぱってもらって離礁したら、外板は元の型状に戻り、浸水は止まった。まったく、

（好い子、好い子！）

と撫でてやりたいぐらいの木材の信頼性だった。


外国の港へ行ってみると、由緒あるクラブに行くにしたがって木造船が目立つ。マリーナ・デル・レイなどという新興住宅地では、真白なＦＲＰの艇体が舷を接し、白銀、黄金色のアルミの

マストが空を覆っているが、アメリカズ・カップを持って行ったオーストラリア西岸、ロイヤル・パース・ヨットクラブあたりでは、ずらりと並んだ古風な木造艇の船齢があまり古いので、《蒼竜》の二〇年がいいだしかねた。八〇年などというヨットが現役で浮いている。日露戦争以前だ。オーストラリアの歴史は二〇〇年、日本の歴史は二〇〇〇年というが、本当かい？という気がしてくる。

近年、何故日本で木造船が増えないかといえば、木造船が高価だからだと読者は思われようが、そうばかりともいえない。回顧すれば、われわれがヨットを建造した頃は、ヨットはみんな木造だった。選択の余地がない。それでも、女房を質に置いてでも、という気迫のあるサラリーマンが集まってその気になれば、ヨットは造れた。だからちゃんと造った。ヨットは金持が造る、という時代以前である。ものごとは何でもそうだが（例えば自動車）、初めに持つのは「金持」ではなくて「気違い」である。その次に「金持」が参入して来、やがて「大衆」のものとなる。その上、昔は泊地が安かった。今みたいに、ヨット自体の修理費や運航費用の何倍、何十倍というカネを、ただ船を水の上に浮かべておくためだけに、何というか、ふんだくられることのない好い時代だった。

実は、木造船が少ない理由は別にある。日本人の競争指向、闘争本能である。いったい、地球上に生息する生物の中で最も闘争本能の激しい動物は人類である。その中でも異常に競争心旺盛な種族《トライブ》がヤマトー族であり、彼らは何事も競争をしていないと面白くない。ゴルフでもマージャンでも野球でも、彼らは勝負にこだわらなければ興味を失う。ヤマトー族の中でも、最も血に餓えた分派がヨットのレース派だ。そこで何が起こるかといえば〝買い替え〟である。つまりはヨットの自動車化だ。電気冷蔵庫やテレビ、バカチョンカメラと変るところはない。メーカーは毎年新型のＦＲＰ艇を発表し、新型の方が旧型より速く走るようにチャンとできているから、血に飢えた闘争心の権化は新艇に飛びつく。一分でも一秒でも相手を圧倒し、快哉を叫ぶ。平和国家が聞いて呆れる。

それやこれやの理由を勘案するに、なんとも見事なタイミングで、ＦＲＰの船体、アルミのマスト、ナイロンの帆やシートが人類の――特に日本人の――手許に届いたものである。軽くて、丈夫で（本当かい？）可塑性《かそ》があり、量産によって価格を下げることができると期待され（ウソだが）、その上整備不要《メンテナンスフリー》ときている。とてもではないが、木造艇は太刀打ちできない。木造艇とは、由来、手塩にかけて愛し、いつくしみ、生死を共にし、共に老い、共に朽ちようという精神で持つものである。もう旧式だ、古い、性能が落ちた、これでは勝てない……若くて挑発的なバーの女の子を次から次へと探すような精神では木造艇は持てない。

白状すれば、木造艇を持つということは、神経（と財布）のすり減る人生である。木は腐る。塩水に漬っている水線下は意外と丈夫だが、甲板まわりは眼もあてられない。気がつくと、床はブヨブヨ、コーミングはグズグズ、ペンキは剥げ、ネジ釘はゆるみ、ついにスッポ抜け、うっかりライフラインに腰掛けたオーナー（私）がカメラ二台に双眼鏡もろとも冬の海中に転落したりする。

「締めとかなきゃ、とこの間から思ってたんだが……」

とスキッパーは呟くが、修理不能のカメラ二台はちゃんと持って船に泳ぎ着いたのに、耐水性のある双眼鏡が見当らない。泣きっ面に蜂である。マストの方は、危うく折れる寸前、思い切って中古のアルミに代えた。どこかの艇のお古のマストだから《蒼竜》には合わない。帆は無理矢理に古いのを使う。これでレースに勝てたら太陽が西から昇る。最近新聞紙上で、船齢を過ぎたFRP製の漁船が溜ってしまい、捨て場が無く、焼くことも融かすこともできず、巨大なる〝粗大ゴミ〟化して役人を困らせているという記事を読み、思わず快哉を叫んだ。こんなことは二〇年も昔から判っていたことであって、『舵』などという雑誌にも夙に指摘されている――もっとも、こちらの方は、FRP製のヨットが、ある日一斉に粉々に分解するというSFであったが（『舵』一九八一年一〇月号「続きゃびん夜話」）。

天下の秀才を集めたと期待される官僚群について、唯一つ確言できることは、彼らには未来予測能力が無いということである。政府予算は単年なのだから、これは自明の理であって、官僚の方も未来予測などという機能を期待されているなどとは毛頭思っていないのだが、人民の方は藁にもすがりたい心地で幻想を抱く。彼らが〝来るべき世界〟について何の見通しも持っていないということの――ＦＲＰ製漁船の粗大ゴミ化以外の――もう一つの例は公団住宅であって、団地サイズなどという狭いアパートを量産したら、将来必ずスラム化すると人民《わたし》が確心したのは三〇年も昔の話である。しょうがなくなった役人は、ウサギ小屋を二つずつぶち抜いて一戸にする計画を立て始めた。ムダな話であって、将来を見越し、二戸を一戸にするように初めから設計しておくべきではないか、と人民《わたし》が考えたのもまた三〇年も昔だ。役人の未来予測能力（の欠如）を人民に確信させたのは、何といっても石油ショックであって、繰り返すが、天下の秀才を選りすぐったと期待される官僚は誰一人、石油ショックを予測できなかった。読者に一つの真理をお伝えするならば、「秀才」には未来予測はできない。秀才にできるのは「現状分析」だけである。では誰に未来予測ができるか、といえば、それは――秀才ではなく――天才である。

人類が合成物質という悪魔の発明の虜囚《とりこ》となる以前、船の廃棄は簡単だった。どこへでも放置すれば自然に朽ちた。簡単なうえに優雅だった。如何に優雅だったかは、数多くの泰西名画を見れば一目瞭然である。悠々と流れる大河の岸や河口の中洲に、使命を終えた木造船が打ち捨てられている。泥に半ば埋まり、傾き、朽ちかけた廃船の姿は、昔から、多くの画家の画興をそそった。〝朽ちゆく船〟という題の画は後を絶たない。プラスチックとアルミ、ステンレスの無かった好き懐しき時代《グーテンアルテンツアイト》、船は木と鉄で造られていたから、放って置けば、聖書の言葉どおり、塵に還った。

いったい、昔、ヨットと限らず、船に乗る大きな楽しみは気がねなくゴミを海へ捨てられることだった。何も考えず、肩ごしに海へポイポイ捨てる。これは——いささか下品な比喩を使用することを許されるならば——立小便と同じような解放感があった。少なくとも、私のように躾厳しく育てられ、公衆道徳が身につき、陸上では上記の二つを決してしなかった人間にとってはそうだった。後者は今でも〈船上で〉する。かつてトロール船の甲板員《こうはんいん》をしていた頃、私はゴミ投げ捨ての快感を初めて味わった。先輩のやるように、舷側や船窓から、私はポイポイと紙くずやミカンの皮など投げ棄てた。ある時、窓からゴミを捨てた後で、船は昨夜から、下関の乾ドックに入渠《きよ》していたという事実に気づき、私は慌てた。現在でも《蒼竜》ではゴミを海に捨てるが、そのゴミとは、紙と木と鉄と食事の残りものすなわち生ゴミである。これらのものはすべて、塵より生まれ、塵に還る。合成物質は陸へ持って帰り、ハーバーのゴミ箱へ投棄し、後はどうするのであろうか、地方自治体の役人の〝未来予測能力〟に委せている。アルミの缶というものが、海水中でどのくらい早く錆びて果てるものなのか、クルーの間で議論が分れているので、これも念のため、役人の方へ回している。まことに人類との交際期間の短い新素材とはやっかいなものである。

木造艇の値段が一般庶民の手の届かぬ高値に高騰してしまった理由について、意外なる考察を述べることを許されたい。木造艇が高くなってしまった理由の一斑を負わねばならぬのは、実は消費者《みなさん》である。

ロスアンゼルスには、これまた意外なことに、昔は公共交通機関網があった。具体的には電車が走っていた。人々が自動車を濫用するようになり、電車会社はつぶれた。聞くところによれば、まず自動車会社が暗躍して市議会を動かし、電車を廃止させて自動車の売上げを伸ばしたという説もある。

ＦＲＰとは、自動車と同じく、まことに抗し難き「悪魔の発明」であった。繰り返すが、軽くて可塑性があり、量産が可能で手入れ不要《ケアフリー》ときている。人々《みなさん》は飛びつき、木造船の需要はなくなり、当然の結果、木船の値段は高騰した。値段だけではなく、木造船を扱う造船所も職人も稀少価値となったから、修理、改造、手入れのコストも高騰し、恐らくカネとヒマの無い人には木造船は保持できない。カネもヒマも無い人間が木造船を持った場合に、船がどんな（ひどい）状態になるかを知りたい方は、シーボニアのＡバース、手前から三隻目の木造艇を一瞥《そうりゅう》されたい。手入れの行き届いた四隻目《ケイセブン》と間違えてはいけない。付言すれば、その木造艇のメンテナンス費用といえども、近頃のヨットハーバーの艇置き料の重圧に比べればものの数ではない。新しく船を持たれようとする方は、この点を胆に銘じられたい。考えるまでもなく、木造艇の修理、保守の費用は、それが如何に莫大であろうと、少なくともその金で船はよくなる。艇置き料とは――ドブとはいわぬが――艇の浮いている水の中へ金を投げ込むのであって、船の安全と美観と延命にとって何のプラスにもならぬのは、船検の検査と変るところはない。

木造艇を持つという人生は、かくの如くに厳しい選択であるが故に、WBCJ(日本木造艇倶楽部《ウードンボートクラブオブジャパン》)会員の資格要件は峻厳であり、クラブ員に期待される人間像は崇高である。一言にして尽くせば、「心映《バ》エ　高ク雄々《オオ》シク　容姿犯《オカ》シ難《ガタ》シ」といったところか。この表現は、聖徳太子を形容したものであったか、それとも藤原鎌足であったか記憶が定かでないが、いずれにしても、今度の日本のお札は落ちたものである。

ナポレオンは、憲法は簡単で曖昧なものに限るといった。右記の一句で会員資格は明瞭であり、尚且つ、さきに列挙した木造艇のオーナー諸氏は、おおむねこの一句を体現しておられると認めるが、尚若干の解説を加えるならば、入会資格に例外条項は無い。すなわち、木造艇のオーナーでなければ入れない。木造艇のオーナーであるからには、クルーに対しては恩威並び行ない、規律と寛容の間の細い一筋の道を踏み外すことなく、官憲の理不尽なる権威に屈せず、ヨットクラブという名前のカイシャに阿《おもね》らず、酷寒酷暑をいとわず、広く書を読み、天下の大勢と古今の芸文に通じ、万一レースに出場する時は全力を尽し、しかも勝負に拘泥せず、女性を尊敬し、美女を愛し、美食を好み、美酒を解し、斗酒なお辞せぬものと期待される。いやしくも三～四杯のドライマティニ（一〇対一）で正体を失うような似非《えせ》ヨット乗りの坐る席はＷＢＣＪには無い。

再び繰返すが、木造艇のオーナーたることは、経済的にも、肉体的にも、セイシン的にも時間的にも辛く厳しい人生の選択である。時間的とは、メンテナンスにかかる時間であり、重くて鈍速な艇がいつまでたっても目的地につかぬ時間である。だがそれは、心温まる、忘れ難い、神の御心に沿った人生である。バイブルの言葉を待つまでもなく、亡びに至る門は広く、生命《いのち》に通ずる道は常に狭い。されば筆者はここに、冒頭に掲げたカール・マルクスの共産党宣言のひそみにならい、高らかに木造艇クラブの結成宣言を謳いあげ、同好有志の参集される光景を空想するものである。

All owners of wooden boats of the world, UNITE!

（万国の木造艇オーナー、団結せよ！）

第二十四話　大阪市港湾局

ある晩、夕餉の時間に電話が鳴った。娘が出て、

「大阪のコーワンキョクですって」

という。

「コーワンキョク？」

一瞬、何のことだか判らない。受話器をとると、若々しい元気な声、

「大阪市コーワンキョクの……と申します。突然お電話して恐縮ですが……」

今度は判った。港湾局だ。間違いない。

「思い出しました。いつぞや帆船祭の立派なパンフをお送りいただいて……その折はいろいろとお世話になりました」

と儀礼上いったけれど、私は帆船祭には、関西ヨットクラブの野村さんの《のみ》に乗せてもらって勝手に参加したのであって、その折に港湾局にお世話になった訳ではない（『舵』一九八四年一月号続きゃびん夜話「素晴らしき帆船パレード」参照）。すると……さんは、びっくりすることをいいだした。

「…月の…日に大阪へスライドの上映にお見えになるそうで……」

「えらいことをご存知ですね」

「『舵』の広告で見ました。まことに勝手ですが、上映の後、お時間を頂けませんでしょうか？」

「……ヤマハさんに尋ねてみないと判りませんが、二回目の後は空《あ》いている筈です」

「是非お時間をいただきたいと思います。局長がお食事をさし上げて、お話をうかがいたいと申しております」

私はきつねにつままれたような気がした。この場合のヤマハとは、今回のスライド上映会「ナンタケット、マーサスピンヤード、ヨットハーバー巡り」のスポンサーのヤマハである。それはいいのだが、大阪市港湾局とはヤクショである。なかんずく、港湾局とはわれわれヨット乗りを締め出し、追い払うことに税金を使用するヤクショである。少なくとも関東のヨット乗りはそう信じて疑わない。三浦半島小網代湾に在泊するわが愛艇《蒼竜》は、幸か不幸か、東京湾内に侵入することがない故、東京都乃至横浜港湾局については関知しないが、重ねて、少なくとも、三浦半島南端近辺の港湾事務所に限っていえば、ヨットを目の仇にし、〝不法〟碇泊艇の抑留、泊地の縮小（拡張ではない）、遠来のヨットレース艇の在泊への無理解、ハッキリいえば意地悪、つまりはヨット、ボート乗り達にとって夢寐《び》（眠って

夢をみるあいだ）にも忘れ得ぬ極めつけの悪役であることは周知の事実で、われわれ古狸のヨット乗りは、

「コーワン……」

という言葉を耳にしただけでアレルギーを起こし、毛が抜けたりアザができたり水虫がかゆくなったりする。大井川を越えた西の彼方には、ヨットにやさしい夢の国があるとは聞いてはいたが、それにしても同じ日本国のコーワン局が、知らせもしないのに私のスケジュールを調べ上げ、晩飯を食べさせてやるというのだから、私は首をひねった。

会場の広いのに驚いた。スライド上映会の方である。二〇〇名近い入場者のためにはこの広さが要るというのが主催者側の説明である。いくらコダックの名器〝回転木馬《カルーセル》〟（プロジェクター）でも、スライドの映写力には限界がある故、画面は少々暗く（スライドの撮影者は、みんなそう思うものではあるが）、お客様はご不満ではなかったか、と危惧したのに、二回目の上映でも客足は落ちない。同じ出しもの、同じ企画、同じＰＲ方法によって東京で集まったお客様の二倍以上の人数だったから、私は心の中で、

（ムムッ、関西の人々の方がヨットに対する関心が高いな）

と素直に感服した。ヤマハの担当者に聞くと、将にそのとおり、東京とは手応えが違う、という。この辺から私は、だんだんと関西が好きになり始めた。

だから誉める訳ではないが、大変にスマートでハンサムな若人が両三名会場に現れ、

「大阪市港湾局のものです」

と自己紹介して名刺を差し出した。その名刺を見て、私はオヤ？と思った。左肩に、イギリス王室またはサントリーを思わせる向い獅子の紋章《アームス》が多色刷りで盛上がっている。

実は、紋章の中央の御朱印船をあしらった楯の両側は、向い獅子にあらず、源頼政が退治した〝ぬえ〟という怪獣という凝りよう。大変に綺麗でスマートで、とてもヤクニンの名刺とは思えない。こちらの差し出した名刺の左肩の赤い太陽の（後楽園の）マークが粟津潔さんのデザインで本当によかった、と心中胸をなでおろした。ここで私は、

「ずいぶん金がかかっていますな」

喉まで出かかった言葉を、危うくのみ込んだ。そういうことを人民や新聞がいうから、日本の役人はひたすらにミミッチク、みすぼらしくなり、その反動で人民を目の仇にするようになる。人民《われわれ》は役人に、税金を使うな、といっているのではない。税金は使ってもらうために払っている。有効に使ってくれ、といっているのに過ぎない。いみじくも、港湾局（Port Bureau）とは外に向かって開かれた組織である。「外」とは世界だ。この名刺を受け取る多くの人達は、外国の船舶、港湾関係者であって、日本の主婦や新聞記者、評論家、代議士ではない。外の世界には外の世界の水準と習慣とがあり、外に向かって示さねばならぬ国威がある。私は極彩色の見事なマークを

役所の若いスタッフの一人一人の名刺に刷り込ますことに躊躇しなかった「港湾局」の勇気に脱帽した。困ったことに、こういうことをするのは、つまり、瀟洒に、立派に、スマートにものごとをすることは、日本では大変に抵抗があり、勇気が要る……と考えるのは、大井川から東の田舎の発想かも知れない。

観客の中に大変にチャーミングな、あるいは﨟たけて美しい、または妖艶なる女性の数が（関東に比べて格段に）多いことに私は感銘を深くした。その中の一人の女性は、つかつかと私のところへ歩みより、にこやかに私にラヴェンダー色の封筒を手渡した。驚くべし、その封筒の中から私の写真が現れた。

一九八三年一〇月二三日の大阪城築城四百年記念大帆船祭りの折、私は《のみ》船上から、行き交うヨットの大群——特に女性クルーの多い——を撮りまくった。その中に《Lady First》がいた。全員女性のみで運航されたこの艇の甲板は帆走する花園の如くであったから、私は夢中でシャシンを撮り、この艇名を《Lady First《どいて、わたしがさきよ》》と正しく訳して『舵』に紹介した。ところが、もしもヨット同士の写真の撮り合いが西部劇の撃ち合いであったならば、私はシェーンの中のジャック・パランスのように、眼を細めてニッコリ笑いながらパッタリと倒れていたであろうことが判明した。この美女は《Lady First》のその時のクルーであり、彼女が私に渡してくれた写真の中には、眼を細め鼻の下をのばし、カメラを構えんとしている私自身の姿が写っていた。

ピチッとしたジーパンに当世風《ナウイ》かじゅある・うえあ、スマートで愛らしい女性が最前列で私のスライドに見惚れているのを私は見逃さなかった。港湾局の畜生奴《め》！　後の約束がなければこのお嬢さんを夕食に誘うのだが、と思いつつ上映を終えると、このお嬢さんは、私をホテルへ案内せんとする港湾局の若者たちと談笑しつつ私と一緒にエレベーターに乗り、一緒にタクシーに乗り、一緒に大阪某一流ホテルのダイニングまで同行して私の隣りに坐り、にこやかに向い〝ぬえ〟の極彩色マークのついた名刺を私に差し出した。彼女は大阪市港湾局の職員《ヤクニン》(Port Hostess)であった。私は、親しく交際していたモスクワ娘が、実は秘密警察《カーゲーベー》の諜報部員であったことを発見した外交官のような気分になった。

するとダークスーツをりゅうと着こなし、精悍の気をみなぎらせた紳士が現れ、

「何を飲んでいる？」

と若者たちに尋ねた。すでに飲み始めていたワインの銘柄を彼らの一人が告げると、紳士はぐっと唇をへの字に曲げ、酒係《ソムリエ》を呼び、ひとこと、ふたこと応酬し、ソムリエはそそくさと消え、やがて白、赤二本のボトルを携えてきた。紳士はうなずき、そこでやっと私の方へ向きなおり、

「港湾局長の……です」

といい、前の会合から抜け出すのに手間どって遅刻したことを詫び、われわれは改めて、新た

につがれたワインで乾杯した。ワインの選びは申し分なかった。この話の要点は、私もずい分いろいろな会合に出たが

①主人役が客《わたし》にワインの選択を要求しなかった。

②つまり、私は、客の私が主人の側に代わって（値段を見ながら）ワインを選ぶという厄介な仕事から解放された。

③その上、ワインの選びが好かった。

という極めて珍しい事件にあったという点にあろうか。私は心の中で呟いた。

（これが本当の港湾局《ポートビユロー》というものだ！）

一体大阪市の港湾局が何故美人の相伴付きで私にワインを飲ませ、立派な晩餐を供したのか。これは永遠の謎であって、われわれ一流ビジネスマンは、「交際費」の使途とその効果を一件一件追求するぐらい馬鹿気たことはない、ということをよく承知している。交際費の一件一件の費用効率を云々するのは経理課長かまたは（この場合話がこんぐらがるが）税務署の役人の仕事であって、本当に仕事をする人間はそのような短い視野でものを見ない。「交際費」とは元来、なんとなく使われ、いつの間にか効果を表わすべき費目である。交際費が「枠」（だけ）で統制されているのはその故であって、私が大阪市の税金で夕食をすませ、そのことが市民に如何なるプラスになったかをあげつらうのはせん無いことといわねばならない。私は翌日、もっと沢山の税金を

消費することとなる。

翌日は土曜日だった。灰色の空から思い出したように降る雨滴が風に舞っていた。早朝9時、港湾局の……さんがホテルのロビーに出迎えてくれ、私達は大阪港へタクシーを飛ばした。そこには一隻のタグボートが私を待っていて、応接間のセットといってよいくらい立派な椅子・テーブルのしつらえられた客室《キャビン》でにこやかに私を迎えたのは、なんと昨夜のＰＨ《ペーハー》嬢であったから私は仰天した。彼女は今日はすずやかなビリジヤンのワンピース姿であった。昨夜のディナーがカジュアルで、今日の船上がワンピースとは服装計画が逆だと考えるのは年寄りの素人であって、今や女性はジーンズでマキシムに入れる一方、今日の彼女はＶＩＰの接待をするPort Hostessという純然たる業務であると聞かされ、私はちょっとガッカリした。勤務中の公務員に軽々しく言い寄る訳にはいかない。何故私がＶＩＰであるかは遂に聞き洩らした。

それから三時間、大阪港内くまなく巡航した見聞を詳報する紙面を持たぬのは、まことに残念であり、尚且つ、私は同様の機会を神戸港乃至横浜港に於て持たなかったから、大阪港に対する評価が公平を欠いたとしても、それは横浜乃至神戸港の責任であって私のせいではない。過ぐる年、世界から集った十数隻の大帆船隊を囲む五〇〇隻のヨットにまじって入港した同じ大阪港内を巡航するこの感傷航海《センチメンタルジャーニー》に私は感動し、そしてまた、天保山沖を通過しつつ、遙か陸岸に聳える記念碑《オベリスク》を遠望するに及び、明治元年、僅か六隻二四五〇トンの艦船を天保山沖に浮かべて初の観艦式を行なった日本海軍が、やがて四分の三世紀の後、世界第三位、二五〇隻一〇〇万トンの艨艟《もうどう》にふくれあがり、一転零に壊滅した後、今や再び、世界第七位、アジア随一の海軍力に成長するに至った歴史の変転を想い、船尾に去り行くオベリスクを眺めて感慨にふけった。

全面積七二九九万平方メートルに及ぶ大阪港の北西の端に一つの埋立地が造成されつつある。ここに何ができるかといえば——関東のヨット乗りの皆さんは信じまいが——ヨットハーバーである。収容力二〇〇隻、クラブハウス等の諸施設を完備した一大海洋リクリエーションセンターが、一九八七年の大阪開港一二〇年祭を目標に工事を急いでいる。ついでにいえば、神戸市外須磨市宮ヨットハーバーは一九七八年完成、収容力五〇〇隻。森繁さんの《ふじやま丸》が一九六四年の台風二〇号に遭遇した西の宮の関西ヨットクラブは、港口に橋がかかり入出港にさしつかえる代替として、新たな泊地を提供され、広大な水面が六甲の緑を映している。周知のとおり、大阪開港一二〇年祭には、記念行事として、地球縦断、オーストラリアはメルボルン〜大阪港間五五〇〇浬のダブルハンド外洋レースが行なわれ、すでに招請状が発送され、準備は精力的に進められている。何を隠そう、大阪港北部マリーナ地区に進められているヨットハーバーは、このレースの参加艇のための泊地なのである。

その一方で、三浦半島南端、日本ヨット発祥の海域では、三浦半島を決勝点とする外洋レースの行なわれるたびに、ようやくフィニシュした遠来のヨットは役人によって碇泊を拒否され、大資本に経営される近くのヨットハーバーまでこれに悪乗りし、関西の某ヨット乗りの経験によれば、そのハーバーにちょっと接岸《タッチアンドゴー》しただけで接岸料を請求されるに及び、沖縄の某ヨット乗りが笑いながらいったことには、

「外人のヨット乗りの間では、日本へ行ったら沖縄へ行け、あそこは親切に迎えてくれる。決してカントーへは行くな、という情報が口から口へと伝えられています」

同じ話は関西ヨットクラブでも耳にした。

「ウチあたりに外国の船が来たら、クラブをあげて歓迎しますよ。それにひきかえ、関東は冷たいですよねえ。遙々太平洋を越えてやって来たヨットを沖泊りさせておくなんてねえ。船乗りが長い航海の後で、どれだけ土を踏みたいか判っていない」

もちろん、ヤクニンにも判っていない、と私は思っていたが、大井川から西は違うらしい。関西はヨットにやさしいですね、という話を大阪市港湾局の若い人達にしたら、彼らは笑って、

「大阪市のマークをご存知ですか」

といわれ、私はハッと胸を衝《つ》かれた。

「みおつくしか……」

浪速《なにわ》といわれた古い昔から、大阪の入江のところどころに、水に隠れた砂洲や暗岩を示す標識が立てられていた。又の字の木組みを一本の棒で支えた優雅なこの標識はみおつくし（澪標）と呼ばれ、数限りない船がみおつくしの示す水路を通って広い外の世界へと船出し、異国の珍しい物産を持ち帰り、大阪の繁栄を支えて来、いみじくも大阪市は、そのみおつくしの姿を市の標識とした。大阪の人々の心はこの市標を通じ、海の彼方の広い世界への憧憬と希望につながって来た。われわれがマンホールの蓋の上に見かける東京都のあのマークは、一体如何なる心映えを示しているのだろうか。


「田辺さんは海鳥に興味がありますか？」

ちょっと心配そうな顔付で、港湾局の若者の一人が私に尋ねた。

「ありますよ、もちろん！」

私がそう答えると、若者の顔がパッと輝いた。

「実は是非お見せしたいものがあります」

船を降り、私達はタクシーを拾った。広大なコンテナーヤードや新興団地、そして、晴海が赤面のあまり憤死しそうに超モダンな国際見本市会場を窓外に眺めつつ、いつしか私達は、大阪南港の埋立地の西の端に来ていた。雨足が強まり、時間はいつしか昼を回っていた。そこには、植えて間もないと思われる樹林に囲まれて、瀟洒な、背の低い建物がひっそりと建ち、「野鳥園」—

—Natural Bird Sanctuary——の門標が読まれた。建物の中は広い展望室だった。ほとんど全周に近い視野を持つガラス窓の外には、浜草が点々と生える白砂の干潟の先に入江が水をたたえ、その先に、南防波堤の突端の赤い灯台がポツンと立っていた。窓際に据えられた望遠鏡の視野を調整していた鳥類学者の……氏が、

「のぞいてごらんなさい、カイツブリです」

と言った。接眼レンズに眼を当てた私は、この眼鏡《がんきょう》の倍率の強さに驚いた。遙か彼方の水面の点のように見えていた鳥達は、今、手を伸ばせば届きそうな近さに見えた。そんな近さで眺められているとも知らぬ鳥達は、警戒心を解き、リラックスしてそれぞれの生活に余念無く見えた。浅い水底の水藻を漁《あさ》る水鳥達のお尻が、ずらりと水面に突出しているのが面白かった。続いて、ビッシリと水面を埋めた鴎の大群が視野を埋めた。私は眼鏡から眼を離し、遙か干潟の先に眼を凝らした。広い渚も水面も、真白い鴎に覆われていた。小網代の入江でも、熱海湾でも、そしてまた、ナンタケットでもロス近郊の浜辺でも、私はこんなに密集して海面に憩う鴎の大群を見たことは無かった。微動させて行く眼鏡の視野の中に鴎の密集はどこまでも続き水面を隠していた。まるで山の出《い》で湯につかりながらワイワイと交歓する農村の老若男女の姿を見る風情だった。

(鴎というものは、こんなに集るものなのだろうか)

と私は訝《いぶか》り、その驚きを言葉にした。鳥類学者は笑った。

「餌は一切やっていません」

「では、ただこの地帯に人間を入れなくしただけで、こんなに鳥達が集るのですか！」

「そうです。人間という動物が如何に殺戮《りく》を好む生物かということがよく判ります」

（その通りだ）

私は、再び眼鏡に眼を当てた。間近に見る鳥達の姿は、この上なく優雅に美しく見え、私は無限の時間、彼らの姿を眺め続けたい誘惑に駆られた。そして心に問うた。巨費を投じた埋立地の最良の部分をこのような「聖地」に割《さ》くことに躊躇しなかった「港湾局」も、関東の某県の港湾事務所も、同じ「役所」であり同じ「役人」なのだろうか。ホッと吐息をつきながら、私は結論した。

（大井川の東に文明は無い……）

第二十五話　ジャロ・ネロ・ビアンコ物語

——ソフィスティケイテッド《きょうようじんのための》・ポルノ——

スターポイントといえば、知る人ぞ知る、イタリア製のシースーツのメーカーである。ただし、将に知る人ぞ知る、ほとんど知られていない。スターポイントがシースーツメーカーとして一向に周知されぬ理由の一斑――恐らく大半――は価格である。一〇年前《ひとむかし》でも、上下一〇万円では買えなかった。ところがある年、まだスターポイントが宣伝大売り出し中で、なお且つ、シーズンも終わりに近い頃、日本代理店がデパートの人台でひと夏晒《さら》されたシースーツの上下を半値で譲るといってきた。

ふりかえれば、旧《蒼竜》でもっともみすぼらしいシースーツを身につけていたのはオーナー、すなわち《主人《わたくし》》であった。これは自然の成り行きなのだ。クルーは、その気になれば、シースーツに張り込むくらいの余裕は充分にあるが、オーナーはそうではない。何故かといえば、「船《ボート》とは、木またはグラスファイバーで囲われ、その中へお金を注ぎ込む穴である。(BUSINESS WEEK, 一九七六年七月二八月号)。オーナーが張り込む対象はヨットであってシースーツではない。だが、それも程度問題であって、クルー達の方が体面を気にし始めた。

「そろそろ、《蒼竜》進水（一九六三年）記念のオイルスキンはお捨てになった方がいいんじゃないでしょうか」

一〇万円の半値は、普通、五万円である。決して小額の支出ではないが、バーゲンというものは常に購買者の理性を曇らせる。主婦は一万円の商品が三〇〇〇円で手に入るならば北極で製氷器でも買う。三〇〇〇円流出したとは考えず、七〇〇〇円得をしたと錯覚する。

もとより、デパートのほこりにひと夏まみれたくらいでシースーツの材質・機能が低下するものではない。不特定多数の人間が試着したであろうが、幸いエイズ上陸以前であったし、今のところ、心筋梗塞とガンは接触伝染病ではない。《主人《わたし》》は買った！

人間とは弱いものだ。自動車でも亭主（または女房）でも、人間はあるものを手に入れたとたんに、とりあえずはそのものの賛美者となる。その賛美は、取得者が対象物に致命的欠陥を発見するまで続く。スターポイントの素晴らしさはデザインである。さすがはイタリア、黄《ジャロ》・黒《ネロ》・白《ビアンコ》の配色が何ともいえず美しい。

「外見も機能のうち」（レイモンド・ロウイー）

この真理は、シースーツにも愛人にも当てはまる、とりあえずは……。

褒めるばかりでは、読者はその記事の信憑性を疑う。ＳＰの欠点は

〝雨仕舞い〟である。襟、袖口などの水密がいまひとつ充分でない。これは必ずしもSPだけの欠点ではなく、某々国製のシースーツを着込んだNORCの古狸のヨット乗りが、荒天時、往々にして首に手拭を巻いている理由は、農業に従事していた祖先の遺伝だけではない。襟から水が入る。こういうデリケートな問題は比喩でぼかすのが礼儀に叶う。

第二次大戦末期、太平洋海域に進出したイギリス空母が、東南アジアから沖縄へかけての作戦海域の熱暑に往生して逃げ帰ったという伝説がある。逃げ帰ったというのは誇張と思われるが、往生したのは事実らしい。サマセット・モームを生んだイギリス人にしては認識不足のような気もするが、軍人の思考は小説家ほど柔軟ではない。由来イギリス海軍の生れ故郷は北海、北大西洋である。海に落ちたら三分で死ぬという寒冷な海域を主作戦海面とするイギリス空母は、格納庫を密閉している。一方、熱帯海域を主作戦場と想定した日・米海軍は、どちらかといえば、風通しの好い空母を作った。最近のアメリカの空母などは、航空機昇降用のエレベーターが舷側に突出している。つまり露出《むきだし》である。空母の格納庫などというものは、ある程度開放性の方が引火性のガスもこもらないし、火災の折は誘爆の危険のある爆弾や燃えているヒコーキを海中へ掃き捨てるのにも便利のように思えるが、「寒い国から来た」イギリス空母の格納庫は密閉度が高かったため、イギリス海軍の将兵は、

「戦争とはこんなに暑いものか」

と音をあげ、開放型のアメリカ空母を羨んだというひとつ話である。地中海を主作戦海面と考えるイタリアのスターポイントの水密性に若干問題があったとしても、それをもってイタリア産業のQCを云々するのはフェアでない。ところが、私のSPは変なところから漏水した。おしりである。

一体、淑女《レディー》の前では、紳士は、首から下の肉体の名称を口にしてはならない。首から下だから、バスト（胸）はもちろんいけないし、足もいけない。ヒップ（おしり）に至っては論外である。旧《蒼竜》グループにあっては、この原則はよく守られた。一方、女性の側にも守らねばならぬ躾がある。もし（紳士ではない）男性が淑女の前でこの種の肉体の部分の名称を口にしたら、彼女は、

「アーッ……」

と低く叫んで卒倒しなければならない。この場合、件《くだん》の淑女の連れ《エスコート》の紳士は、もし紳士なら、その言葉を口にした紳士にあらざる男性に決闘を申し込まねばならず、武器はピストルでも剣でも、申し込まれた側の男性が選び、場所と日時は……これは省略する。繰り返すが、旧《蒼竜》グループは上記のルールに従う紳士の集りであり、尚且つ、旧《蒼竜》グループには淑女のクルーが一人いる故、来訪者は言葉に注意されたい。《蒼竜》グループの場合、被挑戦者は水中銃、ボートフック、ビレーピン、シーナイフを武器として選択し得る。

ではあるが、この場合の水洩れの箇処の表現は純粋に学術的、技術的な語彙として許容されたい。すなわち、私のおしりが濡れた（「アーッ」バタン。今《蒼竜》の女性クルーが失神し運び去られた）。これは奇妙である。私はスターポイントのシースーツの胸まであるズボンをはいていた。普通このような装束なら、バケツで水をかぶっても体の何処も濡れぬ筈である。同社に調べてもらったところ、ちょうどその辺の水密加工に遺漏《いろう》（笑）があった。同社は製品の瑕疵《かし》を認め、直ちに代替品を送って来、尚且つ、欠陥品を記念に恵与するといってきたので、その欠陥品の方を、先に失神した女性クルーが天気の好い日に使用して何の支障もない。

ここで、再び、不思議な事実《こと》が起る。《主人》が使用しているSPのサイズはMである。イタリア人は北欧人の如く巨人ではないから、イタリア人のMは日本人のMであって、これはまことに具合がよろしい。《主人》の体格の諸元は五尺六寸一七貫、すなわち日本人成人の標準サイズである。来るべき世紀に使用されるべき、より人間的な人間規格《ヒューマンモジュール》（尺貫法）に暗い若い読者のために、人間のサイズと何の関係もない旧式で硬直的尺度（メートル法）に換算すれば、一メートル七〇センチ、六五キロほどになる。奇妙な事実というのは、《主人》の体はSPのシースーツ（のズボン）にするりと入るのに、わが女性クルーは入らない。彼女がズボンをはく時には、他の（男性の）クルーの手伝いを必要とする。具体的には、他の男性クルーが手伝ってズボンを引っ張り上げないと、彼女の体はズボンの中に入らない。こうして入った時には、シャンパンの栓を抜い

た時のような（スポンという）音がする。これはまことに非能率な話であるにもかかわらず、クルー達は先を争って手伝い、

「コン・ピエンチェーレ！」（注）

などとほざく。その女性クルーの身長は《主人》とほぼ等しく、体重は――本人の申告によれば――《主人》よりnキロ（n＝二桁）軽い。それなのに何故オーナーがするりと入るシースーツに彼女がするりと入り得ないのか。これは物理学の常識に反する。イタリア製品には常に天才的なところがある。

（注：con piencere, 伊語。英語の with pleasure）

親愛なる読者諸兄姉弟妹の多くは、スターポイントとはTシャツの銘柄と思っておられたに違いない。SPがシースーツを作っているとは知らなかった、と心中で呟かれた読者が少なくないと忖度《そんたく》する。《主人》は諸兄姉の誤解を充分に理解する。理由はTシャツの氾濫にある。どういう訳か、近頃ではあらゆる企業がTシャツを作る。マクドナルドも作ればミスタードーナツもモスバーガーも、WYC（ワイキキ・ヨット・クラブ）もケンウッドも、ブリヂストンもサントリーもTシャツを作る。Tシャツを作っていないのはルイビトンとバセロン・コンスタンチン（小生の時計）、ぐらいではないかと思われる。要は、Tシャツとはその企業の商品系列中もっとも安い商品であるという点にあり、したがってみんなが買い、人眼につくから誤解が生れる。かつてシー

ボニアに憩う《蒼竜》の甲板でSPのシースーツ（正価一〇万円）で周囲をヘイゲイしていた《主人》の脇に、SPのTシャツを着たどこかの坊やがチョロチョロし、《主人》は大いに鼻白んだ経験がある。

Tシャツが SPの一番安い商品であるとすれば、最も高い商品は——もちろん——ビキニである。シースーツはちょうど中間に位《くらい》する。

もともと、女性の衣料とは、奇妙、奇抜、不可思議……男性の貧弱な頭脳の理解を超えた商品ではあるが、なかでもわからぬのは、女性の衣料の材料《マテリアル》の量と価格との相関関係である。わからないが、事実は厳然として存在し、次の法則によって明快に表現される。

「一般に、女性の靴と水着とは、使用される材料《マテリアル》の量が減るに従って高くなる」

原材料が減るのに価格が上るのはおかしいじゃないかと一部の読者は息巻かれようが、そのような方々は、「価格」というもののメカニズムについての初歩的な法則をご存知ないのである。

経済の実体に疎い一部の方々は、価格とは原価に適正利潤を加えて決められるものと信じておられる。これは社会主義社会に於て強行され、失敗が証明された方式に過ぎない。それでは、見事に成功した経済体制である自由主義経済社会に於て、価格とは如何に決められるかといえば、

「客が払える最高のネダンをつけろ」

であって、原価も適正利潤もありはしない。お客様《マーケット》こそ神様、ある商品に対し、お客様がギリ

ギリお払いになる（であろう）ネダンはいくらか、という検討に自由主義体制下の商売人は脳漿の限りを尽くしている。使用材料の多寡は、価格とはほとんど関係がない。

古来、東洋にあっては肉体は醜いものであると規定され、この前提は往々にして正しかったから、衣料とは肉体を被覆して隠すことによって肉体を美化（？）するものと考えられてきた。好例は足袋であって、多くの場合、とても美しいとは言い得ぬ肉体の部分である足（「アーッ」パタン）が、一足の白足袋で被覆されることによって如何に美化され、なまめかしくさえなるかは驚嘆に価し、人をして「顔袋」というものはできぬものか、と思案させる。一方、西方にあっては、ギリシャ以来、人間の肉体は美の極致、神の化身、美そのものと解釈されて来たから、衣類とは常に人体の美を強化・強調することをもって使命として来た。この哲学に従えば、もし人体が美であるならば、被覆しない方が神の摂理に叶う。われわれ男性としては、「人体は美」という前提の崩れぬ限り、原材料の極端に省略された衣類の高価格について文句をいう筋合はない。

心無き（注）《主人》をしてこのような衣裳哲学に思いを致させた契機は、鴫《しぎ》立つ沢の秋の夕暮れにはあらで、鶴舞う小網代の入江の午後であった。西日本にはすでに梅雨明け宣言の出された七月の中旬のその日、久し振りに雲の切れ始めたコバルトの空から降りそそぐ陽光はすでに盛夏を思わせ、梅雨前線を北に押し上げた高気圧の下、凪の海はウネリも立てず、帆走を諦めて小網代湾に錨を打った《SOLTAS》（四〇フィート、Sail No.2001,《SORYU》の後継艇、共同保有、シーボニア在泊）の周囲には、遠く近く、大小のヨット、パワーボートが青緑色の波に白い影を映していた。それらのヨット、ボートの甲板は、まぶしいばかりのビキニの花園であった。

（日本もここまで来たか……）

年老いたシーマンの胸の愛国心を刺激して止まぬ光景だった。

（注）

心なき 身にもあはれはしられけり
鴫たつ沢の 秋の夕ぐれ

新古全集・西行法師

（世捨て人の僧侶《りょ》である私にも、しみじみとものの哀れを感じさせる秋の夕暮れのたたずまいであることよ、云々）

ここでわが艇の女性クルーが登場する。凪の海上にアンカリングする船上の暑さに耐えかねて、彼女は水着に着替えて甲板上に現れた。一眼でスターポイントと判った。何故なら、その水着に使用された色は唯の三色、黄《ジャロ》・黒《ネロ》・白《ビアンコ》である。スターポイントは色彩を惜しむ。これは往々にして正しいデザインポリシイである。不肖《主人》のシースーツもこの三色であり、彼女のビキニも之に準じた。

次に《主人》は、彼女のビキニを見た瞬間、そのビキニが《主人》のシースーツが赤面するほど高価であることを直感し、戦慄を覚えた。いうまでもなく、シースーツとは頭の先から（フードがある）足首まで（ブーツ別）を覆う衣類であり、その正価が一〇万円強であることは再三述べた。今現れた彼女のビキニは、一見するに、ほどんど肉体の如何なる部分も覆っていない。先に詳述した女性の衣類の材料と価格との相関理論（「覆う部分が減るにつれて、値段が上がる」）に基づけば、このビキニのネダンは天文学的数字になる筈である。故に《主人》は戦慄した。《主人《オーナー》》の戦慄をよそに、彼女は婉然として甲板を漫歩し、艄《バウ》に至り、フォアステイに掴まってバウスプリットに立ち、小手をかざして沖を眺めた。逆光にクッキリと浮き出した彼女の長身のシルエットを見るに及んで、先に提起した《主人》の疑問は氷解した。

彼女は女丈夫である。その言葉の正確な意味は、丈夫《おとこ》並みの体格をしている。この場合、既述の如く、丈夫《おとこ》並みとは、便宜的に《主人《オーナー》》のサイズである。

《主人》は、不覚にも、その時初めて、件《くだん》の女性クルーが、《主人》とほぼ同じ背格好でありながら、何故《主人》と同じサイズのスターポイントのズボンをはくのに他のクルーの手伝いを必要

としたかを理解した。極めて卑猥《わい》な表現をお許し願えれば、三角定規のとがって長い方からなら
スルリと入るケースへ、逆から入れれば入らぬ道理である。コンプレ《おわかり》？

彼女が（スターポイントの水着で）甲板に現れ、バウスプリットに立ち、小手をかざして沖を眺めた瞬間、周囲のヨット、ボート上のさんざめきがピタリと止り、人々は驚愕して《SOLTAS》の艏《バウ》を凝視し、すべての動きは凍結され、時間は停止した。すると、彼女の登場を予期していたかのように、一隻の大型パワーボートが沖から疾走してきた。そのパワーボートのフライング・ブリッジはカメラの望遠レンズの叢《くさむら》だった。大小無数のカメラのシャッターの落ちる音が、ザ、ザ、ザーと草原を走る風音のように絶え間なく波の上を流れた。二、三人のカメラマンがしぶきを上げて波間に転落した。ルルル……と軽やかな爆音を響かせて一台のセスナが低空で接近して来、バズーカ砲のような超望遠鏡レンズが操縦席からのぞいた。彼女はそれらのレンズに万遍なく手を振り続け、パワーボートは再び何人かのカメラマンを海中に振り落としつつ周囲を旋回し、セスナは高く低く波の上に舞った。

やがて、パワーボートもセスナも水平線の彼方に去り、小網代の入江はもとの静謐に返り、光り輝く海面に錨を打つヨット、ボートの白い姿が残った。コックピットに戻って来た彼女に席を空けてやりながら、《主人《わたし》》は尋ねた。

「また雑誌社に連絡したんだね」

「昨日会社が暇で、退屈で退屈で仕方がなかったものですから、職業別電話帳で手あたり次第に……」

「あんまり多くてよく判らなかったが、どことどこが来ていたの？」

彼女は爪を黄《ジャロ》・黒《ネロ》・白《ビアンコ》の三色でマニキュアした指を折りながら、

「朝毎読《ちょうまいよみ》、文春新潮講談社、集英社にダイヤモンド、あの海に落ちたのはダイヤモンドの木田さんとＰＨＰの金田さん……」

「木田さんは単行本じゃないか」

「ヌード写真集を出したいとか」

「ダイヤモンドがねえ……？」

「それから婦人公論……」

「エッ！　婦人公論!?」

彼女は黒《ネロ》・白《ビアンコ》と黄《ジャロ》でマニキュアした足の指を器用に折った。

「マガジンハウス、ピア、リクルート、ベルーフ、編集長の江上さん、友達なんです」

不意に彼女は泣き出しそうな顔になり、うるんだ瞳で《主人》を見つめた。

「オーナー、申し訳ありません。フォーカスとフライデーと『舵』だけが、どうしても連絡がつかなかったんです。次からは注意しますからはたかないで……」

第二十六話　私の太陽《オーソレミオ》

――サルジニア・カップ余滴――

サルジニアへ行って参りました。例の〝サルジニア・カップ一九八六〟をカバーするためです。「カバーする」という英語は「取材」するという意味です、ちょっと気障ですが……。一九七八年以来すでに四回、サルジニア島北東端ポルト・チェルボにあるコスタ・スメルダ・ヨットクラブ（正確にはヨットクラブ・コスタ・スメラルダ、YACHT CLUB COSTA SMERALDA、略称 YCCS）に世界の強豪艇が集り、サルジニア・カップ・トロフィーを争って来ました。かつてのパンナム・クリッパー・カップシリーズ、今年からはパンナムが降りて日本のケンウッドが代り、ケンウッド・カップ・シリーズに衣替えしたハワイのレースの退潮が伝えられるのに引きかえ、新興なが

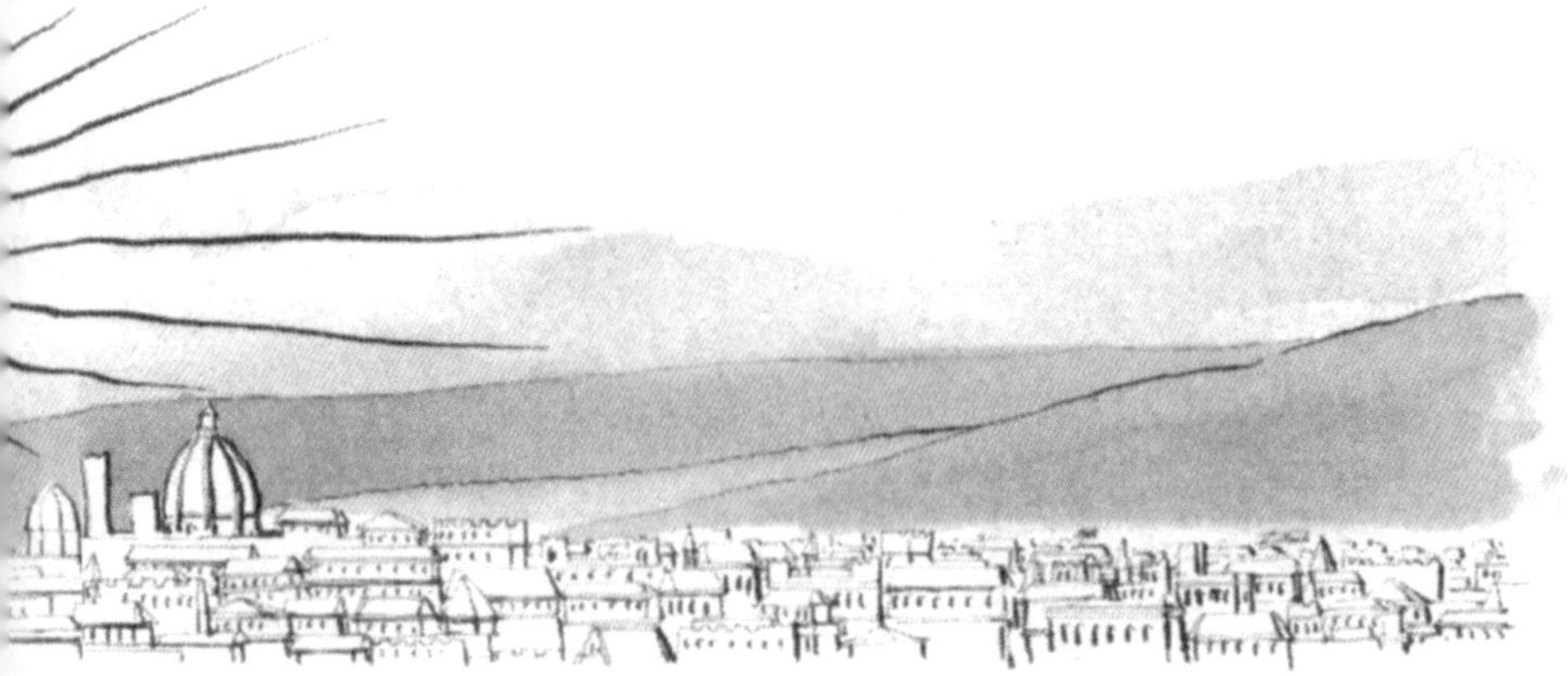

らメキメキ売り出しているのがサルジニア・カップ・レースです。ソレント海峡で行なわれるアドミラルズ・カップ・レース、ご存知シドニー・ホバートレースで代表されるサザンクロス・カップ・シリーズ、アメリカはフロリダを中心に開催されるSORC、そして既述のケンウッド・カップに続く五大レースの一つにのし上ったサルジニア・カップは、かねてから《主人《わたくし》》の注意を引き続けて来ました。

『舵』の読者にこんなことを申し上げては失礼ですが、

「サルジニアへ行って来る」

と《主人《わたくし》》が申しましたら、往々にして、

「サルジニアってどこだ？」

という返事が返って来ました。なかには、

「アフリカ？」

という女性もおられました。

そう、この女性の勘はなかなかよろしい。サルジニアの南はシシリー、その先は一衣帯水でアフリカです。イタリアという長靴が蹴飛ばしている三角型の島がシシリーで、この島の名は〝ゴッド・ファーザー〟のおかげで知らぬ人はおりません。シシリーの北、長靴の西方海上に二つの大きな島が南北に連っています。北がコルシカ（仏領）、南がサルジニア（イタリア領）です。ちなみに、サルジニアは地中海で二番目に大きい島です。一番はシシリーです。


峨々とした岩山と灌木の緑が点綴《てんてつ》する島の中をなかなか好く舗装された二車線の自動車道路が走っています。家ぐらいの大きさの丸石が天から降って来て、緑深い灌木の上に降り積ったような怪奇な風光は印象的です。その岩陰や緑の山麓、入江の辺《ほと》りに、岩と同じ淡黄色のレンガの壁、代赭色《たいしゃいろ》の瓦屋根の瀟洒な家が絵のように点在しています。一番絵のような建物が昔ながらの農家、次に絵のような建物が、昔ながらの城そのままと見まがうホテル、いくらか絵のような建物は中流階級の別荘です。サルジニアに別荘を持てるイタリア人を中流としての話ですが……。では金持はいないのかというと、これは掃いて捨てるほどいます。周知のとおり、イタリアは大金持と陽気な庶民の国です。その、一番すばらしいはずの大金持の別荘は見えません。どこからも見えないようなプライベート・ビーチを抱いた岬の陰や、深い茂林の中に埋もれるように豪邸を建てるのがイタリアの大金持の趣味なのだそうです。そういえば、《主人《わたくし》》はとうとう、その大金持中の大金持、アガ・カーンの別荘も（アガ・カーン自身も）見ることができませんでした。

そうそう、アガ・カーンのことをお話ししなければなりません。アガ・カーンはリタ・ヘイワーズの息子です。そういわれても《主人》より若い年代の方々は何の感動も覚えられぬでしょうが、リタ・ヘイワーズとは往年のグラマー女優中の超グラマー、今ならば……というところでしょうか。アガ・カーンのお祖父《じい》さんはインドの巨大宗教の教祖で、教祖ですから超億万長者です。そのおじいさんの名もアガ（カーン）といい、美人の白人の奥さんとの間の息子がアリ・カーンで、世界屈指のプレイボーイとして名を馳せ、天下の大女優リタ・ヘイワーズと結婚して勘当されたといわれています。いわれています、という意味は、リタと結婚したことは事実ですが、勘当という言葉の原語が確かでありません。リタとアリの息子がアガ（Jr）なのですが、アガのお母さんが本当にリタだったのかまでは、『舵』は『フォーカス』ではありませんので、調べませんでした。

何故《主人》が――ヨット・レースをそっちのけにして――アガ・カーンにこだわるかといえば、アガ・カーンこそＹＣＣＳ（ヨットクラブ・コスタ・スメラルダ）の創設者であり、このレースの主催者だからです。カリム・アガ・カーンは今から二〇数年前（一九六三年）に、当時寒漁村だったポルト・チェルボの風光に着目、巨費を投じてこの地に一大高級リゾートを建設しました。寒漁村といっても、当時この地方が寒冷であったという意味ではありません。「寒」とは〝さみしい……〟という意味のニッポン語です。その頃のこの地には、電気も水道も電話も、まともな道路もなかったそうです。その寒村が二〇年の投資と努力の末、ヨーロッパ屈指の高級リゾートに変身した訳です。それはアガ・カーンの着眼と熱意の結果といえましょう。附言すれば、日本以外の国にあっては、高級・大衆向けを問わず、リゾートの中心はヨットハーバーであり、そして別荘とホテルです。普通これにカジノとショッピング・センター、テニスコート、ゴルフコース等が付随します。

ポルト・チェルボはそんなに大きな港《ポルト》ではありません。小網代を二つ合わせたくらいの広さでしょうか。東に開いた湾口は岬に狭《せば》められて外洋から守られ、広いふところと奥行きを持った天然の良港です。アガ・カーンでなくとも、ヨット乗りなら誰でも、ウムと眼を凝らすでしょう、そこに本当にヨットハーバーを作ってしまったところがアガとわれわれの違いなのですが。港口を入ってすぐ左手が一般港のポルト・チェルボ。その奥の立派な係船岸壁《ピアー》に守られた泊地が六〇〇隻を収容するヨットハーバーで、その中央にＹＣＣＳの淡褐色のモダンな建物が堂々と建ち、今回のレースに参加した一二カ国の国旗が紺碧の空に翩翻と翻っています。将に、絵のような光景です。

いつものことながら、海外ヨットレースの院外団《ワンサ》としてハーバーにやって来て楽しいのは、顔馴染みの誰彼と久闊《きゅうかつ》を叙《じょ》することです。久闊を叙するとは、やあ、お久し振りですね、と言い合うことです。シドニー・ホバート・レース以来の旧友、ケンウッド・カップの第五戦でクラス別総合優勝した《ゼロ》の小林スキッパーが《リガードレス》のメンバーで来ています。《リガードレス》の共同オーナー、東吾さんの顔が見えます。ヨット乗りばかりではありません。常に『舵』誌の写真ページを飾る日本ヨット写真界の雄、添畑薫氏や、ヤマハの豪華PR誌「キャプテンズ・ワールド」の尾沢征昭氏などとパッタリ出食わし、ヤ、来ていたの！と肩をたたきあったりすると、なんだかこちらも一流のジャーナリストの仲間入りしたような気分になり、素人記者の《主人》としては天にも昇る心地です。薫……という優しい名からは想像もつかぬ六尺豊かな偉丈夫、裏表もさだかでなく陽焼けした添畑氏は、《主人》を引っぱって、クラブハウスの隣の楽しげな広場《ピアッツァ》を見降すガラス張りの立派な事務所へ押し込んでくれました。そこがすべてのヨット・レース会場の聖地「プレス・センター」でした。ズラリと並んだ郵便受けの函の一つの上にTANABE-KAZIの文字を発見した《主人》の心臓は危く口から外へ飛び出すところでした。白状しますと、《主人》は『舵』を脅迫し、記者として登録してもらっていたのでした。そこで《主人》はチャーミングなイタリアのお嬢さんから《主人》の名をタイプした記者《プレス》カードを首にかけてもらい、ホオにキスされ（これは潤色）、正式に〝素人〟から〝玄人〟に変身しました。

レースはなかなか始りません。誰の精進のせいか、《主人》他プレスの連中の精進でないことは確かなのですが、毎日のように空は雲ひとつなく晴れあがり、九月の〝私の太陽《オーソレミオ》〟の陽光は痛いばかり。それかあらぬか、風は静まり、第三レース（九月八日月曜日、三〇浬の近海《インショア》レース）の如きは、一一〇〇のスタートが一五〇〇近くまで延ばしに延ばされ、遂に中止となる始末。テンヤワンヤのレースの詳報は新聞、テレビ（現地の）または『舵』誌でお知り下さい。記者という人種は他にすることが多くて忙しく、とてもレースの報道までは手が回らないのです。

とはいっても、若干の「報道」をすれば、日本は今回は《CHACHA》オーナー山村彰氏、《WILL》小田良司氏、《REGARDLESS》津村重孝・山田東吾両氏（チャーター艇）の三隻が揃ったのでナショナルチームを組む資格を得、メノウのスピンネーカーをあしらった、あの豪華なサルジニア・カップ・トロフィーへの挑戦権を得たのでした。残念ながら、今回は樫の木（推定）の台座に銀（多分）のプレートを貼ることはできませんでしたが（報道終り）。

何故記者《プレス》がそんなに忙しいかといえば、その原因は、もちろん、BAR《バール》であり、広場《ピアッツァ》であり、そしてパーティへの出席です。港に面した広場のバール（バーのこと。イタリア語）の前の石だたみには椅子が散らされ、世界中から集まったヨット雑誌の記者、写真家、例えばアメリカの

YACHTING 誌の GURNEY 氏、SAILL 誌の DANIEL FORSTER 氏、KAZI 誌の SOEHATA TANABE 氏……等々、etc 、u・s・w《ウントゾーバイタ》（等々というドイツ語）がテーブルの上にオランジ、ビエレ（オレンジ、ビールのイタリア語、ミスプリントではない）を並べ、眼の前の泊地のマストの林を眺めながら談論風発、時の経つのを忘れます。とても「取材」どころではありません。よくしたもので、レースの成績は、先程述べたプレス・センターという聖地へ参りますと、郵便受けの函の中にオリベッティのコンピューターからたたき出された最新データが常に入っていますから、空を眺めてお天気を書き加え、さっきピァッツアのバールで小耳にはさんだレース艇の裏話を重大スクープらしく添記して（例えば）『舵』社へ送れば、記者は食いはぐれることはありません。そのお天気にしてからが、天候統計《メテオスタティクチクス》というものをちゃんとくれますし、だいたいこの地の天気はオーソレミオ（快晴）と書いておけば大きな間違いはありません。ぶつちゃけた話を玄人の立場ですれば、ニューヨーク・タイムズの記者もヘラルド・トリビューンの記者もパリ・マッチの記者、シュピーゲルの記者も、おおむねこの方式で仕事をしていると思われます。朝毎読《ちょうまいよみ》日経についてはは詳かにしません。

するとパーティの招待状が舞い込んで来ました。

厚手の四角い真白な紙に凝った書体で、

La Martini & Rossi e la Cigahotels
hanno il pacere di invitare
Eizo Tanabe
Wercoledi 10 Settembre 1986
Alle ore 18
Martini Cigahotel Club
Villa Amati-Porto Cervo Marina

などと書かれています。マーチニィというのは、酒飲みならばわれわれ日本人でも見慣れた、あの赤丸に黒の横一線の上に MARTINI と白字で抜いたマークの酒類を製造している欧州屈指の酒会社であり、わが家のドライ・マティニは専らこの会社のバムースを使用しております。CIGA・HOTELS とは、東京はパレス・ビルにも事務所を構えている、これまた世界屈指のホテルチェーンです。ヒルトン、シェラトン、ホリデイ・インだけがホテルチェーンではありません。CIGA と MARTINI の二社が今回の SARDINIA CUP の正式スポンサーであって、この二社が口喧しいプレスを招待しようという訳ですから、添畑氏のいう如く、

「これはちょっとしたものです。行かぬ話はありません」

これは〝ちょっとした〟ものでした。コスタ・スメラルダ・ヨットクラブの裏の岬の、緑に隠れるように、ヨットクラブの迎賓館があります。そこが会場でした。立派な別荘に招ばれた、という雰囲気です。家の中から明るい光があふれる玄関で招待状を示すとにこやかに迎えられ、通されたとっつきの広い部屋はまるで舞台照明のような強烈なライトで照らし出され、ローマの元老院から抜け出して来たような典雅な顔付の半白の紳士達が、着飾った女性達と歓談しています。真昼は、サファリから帰って来てそのままベイルートへ潜入しそうな物凄い風体をしていた記者達が、ちゃんとブレザーなど着込んでリュウとして現れますから油断がなりません。昼はグリーンベレーのようだった添畑青年にしてからが、空色のブレザーに関西ヨットクラブのワッペンで決め、白ズボンなどはいて現れ、これが赤銅色の顔色にまことによく映えます。男女を問わず、最高のお洒落は陽焼けだなあ、と痛感する一瞬です。たまたま《主人》が白の上着に空色のズボンをはいていたものですから、SAILL 誌の DANIEL FORSTER 記者が面白がり、腕組みしてわれわれを上から下まで眺め、

「お互いに上下を間違えて来たんじゃないか。トイレなら向うにあるよ」

レース二日目、一四五浬の中距離《ショートオフショア》レースのスタートの日、ポルト・チェルボの湾口の南を画《かく》す

る岬の上の小高い丘に《主人》は車を走らせました。コバルトの空に巻雲が流れ、陽は輝き、快い風が沖から吹きつのり、眼下の海面には白帆の群が横一線に並び、満を持してスタートの時刻を待ちつつ、格好の位置を確保すべく右往左往し、その間を幾隻ものパワーボートが青い波の上に真白な航跡を曳いて走り回り、マークボートらしい大艇の上にヘリが舞っていました。一一〇〇、白帆の群は一斉に沖に向かって走り始めました。たちまち、何隻かがヒールを変えました。真上りのスタートです。十数隻のレース艇は思い思いにタックを繰り返し、ヒールを変え、重なり合って沖へ向かってせり合って行きます。不意に《主人》《わたし》は、久し振りにヨット乗りの血が身内に騒ぐのを覚えました。

　俺はなぜ、この岬の上に立って海を眺めているのだろうか。あの白帆の一つ一つの下では、老若のヨット乗りたちが、スプレーを浴び、シートを引き、ウインチを回し、舵把《チラー》を握ってタッキングを繰り返している、それこそヨット乗りの本懐というものではないか……。《主人》《わたし》は大きく息を吸いました。真昼の太陽は中天に輝き、海の色はあくまで濃く青く、左手の水平線の上には、重なり合うサルジニアの岬の彼方にコルシカのオークルジョンの岩山が望見され、白帆の列は可憐な花粉のように白く小さく水平線へ向かって動いて行きました。その光景を、濃いコバルト色の天蓋のようなイタリアの空が覆い、周囲の草原に咲き乱れた色とりどりの野の花を潮風がなぶっていました。

数日後、《主人》はフィレンツェの町の、とある小路の喧騒の中を歩いていました。今日も空は雲一つなく晴れあがり、九月も半ばというのに真夏のような烈しい日射しでした。突然、

「田辺さん！」

長身の、陽焼けした青年に日本語で声をかけられ、《主人》は一瞬、状況を把握できぬままに立ち止り、件《くだん》の青年を見上げました。その青年の胸に、真紅の地に白帆をあしらったサルジニア・カップのシンボルマークのペンダントが陽に輝くのを見て《主人》は事態を了解しました。

「……です」

その青年は日本チームの一隻の艦名と自分の名を《主人》に告げ、私達はしっかりと手を握り合いました。彼はレースを終えてから単身ベニスへ足を延ばし、今、フィレンツェへと巡って来たのでした。戦後育ちの日本の若者のたくましい行動力に感銘しながら、《主人》はたたみかけるように尋ねました。

「どうでした、日本チームの成績は!?」

最終長距離《ロングオフショア》レースのスタートを見送り、その結果を待たずに《主人》は本土に渡ったのでした。

「なんとか、国別で五位に……」

彼はむしろ、申し訳ない、という口調でそう答えました。

「国別で五位、凄いじゃないですか！」

《主人》は思わず、叫ぶように言って、もう一度彼の手を握りました。ルネッサンスの歴史を秘

めた花の都フィレンツェの街角で手を握り合う二人の日本のヨット乗りの姿を〝私の太陽《オーソレミオ》〟が明るく照らしていました。

第二十七話　〝d〟

ｄとは何か。

ｄとは difference（差）である。

何の差か。

girth《ガース》 difference《ディファレンス》（ガースの差）である。

では、ガースとは何か。

ガースとは馬の腹帯のことである。馬の背に鞍《くら》を置く時、鞍についている腹帯を締めて鞍を固定する。つれて、ものの周囲の長さ、人間の胴まわりという意味もある。

一体何故《なにゆえ》にこのｄが近時話題になっているかといえば、アメリカズ・カップである。

ヨット乗りは誰も知る如く、アメリカ杯の争奪には一二メーター級のヨットが使用される。一二メーター級とは、次の式を満足させる船型のヨットをいう。

$$12M = \frac{L + 2d - F + \sqrt{S}}{2.37}$$

この場合、Ｌは船の長さ、Ｆは乾舷、Ｓはセール面積、二・三七は常数、ここまでは誰でも判る。ｄだけが判らない。判らぬｄがガース・ディファレンスであり、こまったことに——式のとおり——二倍に効く。dが大きくなると、重ねて上記の式のとおり、帆の面積（S）を減らすか、船の長さ（L）を短くするか、乾舷（F）を高くしない限り答えが一二にならず、出場資格を失う。簡単な算術である。ヨット乗りならば誰でも、帆の面積は増したい。船の長さは長くしたい、乾舷は低くしたい。そのためには、dを抑え込まねばならない。一体dとは何なのか。

実はdとは人体の計測基準なのである。ヨットがこれを援用したに過ぎない。dとは、人間が永年にわたって研究して到達した人体の美の基準である。近年は一般に、dが大きい人体は美しく、dが小さい人体は醜であると規定されているが、美の基準は時代と共に変化してきた。なかでもdに対する評価くらい劇的に変化した価値観はない。

ヨットの場合と同じく、計測に当っては人間も衣類を脱ぐ。何故ヨットと同じかといえば、聞くところによると、近頃はヨットもスカートをはいている。計測の場合、これを除去するか、まくらねばならない。人間の場合は計測されるべき男または女は、衣類を脱ぎ、計測員に正対し、腕を左右水平に上げる。計測員は、彼又は彼女の脇の下から鎖《チエーン》を垂らし、腰の最大幅の点までの長さを測る。正確を期するために、最も伸縮性の少ないと考えられる鎖が使用されるから、この時に得られる数値をチェーン・ガースという。訳語は無い。

次に計測員は、鎖を彼又は彼女の体側に這わせ、さきほどの二点すなわち脇の下から腰の最大幅までの、皮膚に密着させた鎖の長さを測る。皮膚《スキン》の上に密着させた鎖の長さだから、これをスキン・ガースと呼び、これまた訳語がない。スキン・ガースとは、いいかえれば、彼又は彼女の体を正面から見た場合の体の曲線の長さである。そして問題の〝d〟とは、チェーン・ガースとスキン・ガースの差である。

スキン・ガースの計測に当っては、普通、男性は笑いだし、女性は悲鳴をあげるが、これは無視する。dとは、いうなれば、ウエストのくびれ具合、ヒップの張り具合を表す数値である。例えば、スカーレット・オハラのウエストは、驚く勿れ《なか》、一八インチしかなかった。胴《ウエスト》が極端にくびれていた訳で、この場合、当然、dは巨大な数字となる。またもし、不幸にして、胴のくびれが微小な人物がいた場合には、彼又は彼女のdはほとんど零に収斂《しゆうれん》する。まったくのずん胴の人間のdは、正確に零である。dには負《マイナス》の数値は無いから、dが零以下と判ったら、計測は放棄される。

既述のとおり、現代社会に於ては、男女を問わず、dの数値が大きいほど、その人間の体型は美しいと評価される故、被計測者は手段を選ばず（例：エアロビクス）d値を増そうとして狂奔する傾向がある。

一二メーター級のヨットの場合、d値が増せば、船の断面の形状はシャンパン・グラスの如く流麗となり、d値が零に近づくにつれ、その断面はドンブリの如き形状となる。好例は《蒼竜》

であった。

　とまれ、ｄ値の極めて小さい体型を持たれる向きは、特に女性（とその配偶者）は、機会があればルーブル美術館を訪れ、人類の美の典型、ミロのビーナスの像をつくづくと眺めて心安《こころやす》んぜられたい。彼女の〝ｄ〟はほとんど零である。

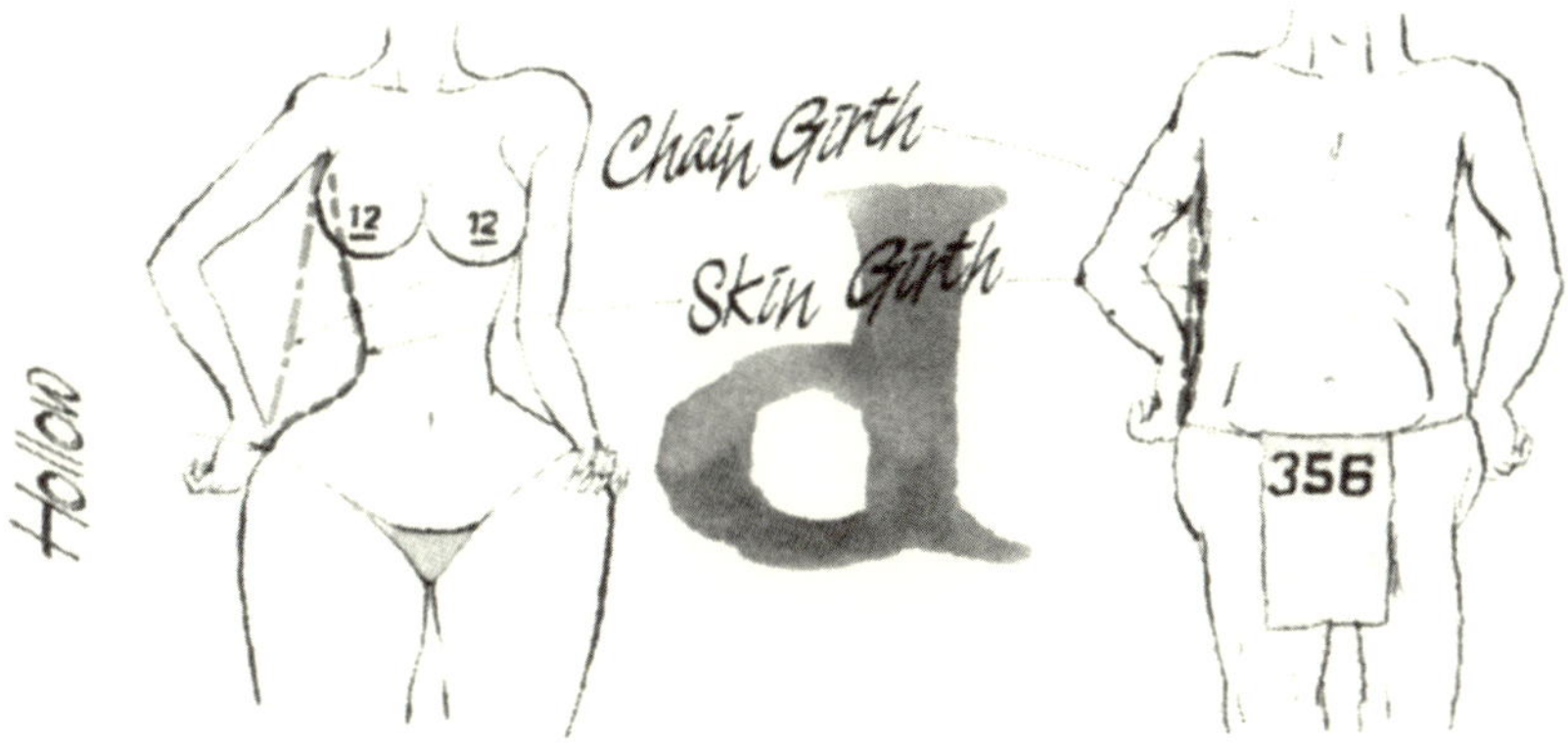

第二十八話　吉ちゃん

去年老生に初孫を恵んでくれた息子が小学生の頃の話だから、あれからずい分沢山の水が橋の下を流れたことになる。昭和三〇年代の初めの頃だったろうか、どこからともなく、江の島のヨットハーバーにジュニア・ヨッティングスクールというものがあり、子供をしごいてくれるという耳よりな話が伝わって来た。意外なことに、選考が厳しく入学が難しいという。塾みたいな話である。その上、父母の面接があるという。何故意外かといえば、昭和三〇年代のその頃からすでに、日本の家庭教育は荒廃し、母親は子供を甘やかし放題、父親は権威を喪失して母親をチェックせぬどころか、母親の尻馬に乗って、子供がゴミ箱にぶっつかってケガをしたのはゴミ箱を設置した後楽園遊園地の責任（私が園長をしていた）だとして、父親が事務所へ怒鳴り込んでくる類《たぐい》の風潮が定着していた。区役所に、学校のプールを何故近隣の児童に開放しないのかと尋ねたら、子供が溺れ死んだ時に学校の責任になるから嫌だという。そういう悪い冗談は止めよう、子供を溺死させたくなかったら母親が交替で監視したらいいじゃないか、と反論したら、母親はおしゃべりに夢中で監視などしないし、大体泳げないし、いずれにしても、何かあれば文句をいってくるのはその母親たちだから勘弁してくれ、というような時代だった。世の中とは面白いもので、一方で甘やかしておいて、その結果わがままで泣き虫に育った子供を男らしく鍛え直してほしいという矛盾した願望を抱くのは、もちろん母親であって、その結果、江の島ジュニア・ヨッティングスクールの入学希望者……といっても、子供が希望するというより、子供を入学させたいという殊勝な親の列が片瀬までつながり、試験でふるわなければならないのだという。そこで、息子と娘を連れて江の島のヨットハーバーへ「受験」に出向いた。

　その時初めて、私は〝吉ちゃん〟に遇った。すなわち小澤吉太郎氏、江の島ジュニア・ヨッティングスクールの校長先生である。吉ちゃんが亡くなられたとき、『舵』誌に山本房生氏の追悼記が載ったから、ここでは、日本ヨット界に於ける吉ちゃんの業績についてはくだくだ述べない。私が気易く〝吉ちゃん〟というのは、山本氏の場合のように、若い頃からの、貴様《きさま》、俺《おれ》の仲間だったからではないし、私自身、もとより吉ちゃんを前にして吉ちゃんと呼んだことはない。船乗りは紳士であり、長幼の序を重んずる。吉ちゃんの生年は明治四〇年、老生は昭和生れ、たとえ流派が分れていようと、日本ヨット界の大先輩小澤吉太郎氏の前で私は、膝も崩したことはない。

　何故流派が分れているか、といえば、小澤氏は日本ヨット協会の大親分であり、私自身はＮＯＲＣ（日本外洋帆走協会《ニッポンオーシャンレーシングクラブ》）に籍を置いており、この二つの組織は犬猿の仲だということを人から聞いたからである。

日本ヨット協会は、原宿の岸記念体育館に本拠を置く日本体育協会、通称体協の一分派である。周知の如く、わが国のスポーツはすべて学校の体育会主導であり、日本人は学校を出るとスポーツを止めるから、日本でスポーツ界とは体協のことである……と体協は信じて疑わない。オリンピックを主催するのも体協なら、もしヨットの国際レースが行なわれたら、これを主管するのは日本ヨット協会である、何故なら、日本ヨット界を国際的に代表できる組織は一つしかなく、その一つは日本ヨット協会をおいて他にないのは、太陽が西に沈み、黒潮が北へ流れると同じくらい自明の理である……というのが体協の考えだそうで、これでは、NORCと日本ヨット協会とが、くまのみ（熱帯魚。念の為）といそぎんちゃくのように大の仲好し、という訳に行かぬのは親潮が南に流れ、月が東から上ると同じくらい自明の理である。

恐らく、外洋ヨットとは、わが国に於て学生スポーツから発達しなかった唯一のスポーツと思われる。だいたい、ヨット乗りはヨットをスポーツだと思っていない。では何かといえば、それは〝生き方〟であり、人生そのものである。したがって、学生がやっている小型艇《ディンギー》と外洋帆走艇《オーシャンクルーザー》とは、遠くから見ると同じく〝ヨット〟に見えるという点以外に、あまり似たところがない。外洋艇《クルーザー》とは子供の遊びではなく、大人の愉しみであり、個人所有を大前提とする。個人でなく「大学」という法人が持っていて、四年で乗員《クルー》が入れ替り、責任者は学長であって、事故があると学長から謝罪状が送られてくる校友会のクルーザーは、クルーザーのあるべき姿ではない。個人オーナーが威張っていないと、どうもヨットらしくない。その個人オーナーを集めたＮＯＲＣという組織は体協となじまぬ数少ない運動（運動？）組織だから、海の集りやヨットレースの会合で、日本ヨット協会とＮＯＲＣの役員が顔を合わせると、もちろん、海の男同士、にこやかに交歓しているが、拳闘家同士のリング上での挨拶みたいに見えぬこともない。吉ちゃんは、その日本ヨット協会の重鎮、日本ヨット協会そのものみたいな人物である……などということは夢にも知らず、外洋帆走艇《オーシャンクルーザー》《蒼竜》を建造して間もなく、私は固くなって大親分吉ちゃんと、代貸しの山本房生氏の前に坐った。山本さんが副校長格である。

知る人ぞ知る、吉ちゃんはなかなかの風格である。これも後で知ったのだが、右眼を事故で失明し、海軍への志望を断たれた。もしある人物が「人物」である場合には、隻眼の眼光には双眼以上の迫力がある。松平某ではとても無理だ。吉ちゃんは、普段はその隻眼を細めて、迫力を温顔で隠している。顔も体も丸い人だった。いわばチャーチルのような体形である。江の島ヨットハーバーの艇置き場の隅の事務所の机の向うに、ヨット衣裳《アタイヤ》の両親分がどっかと坐って、志願者の親を引見する。すると吉ちゃんは、どうなることかと緊張している私に、実にざっくばらんで爽やかな話をした。

「田辺さん、いいんですよ。あなた自身がヨットをお持ちですね。ヨット乗りの息子は問題ありません」

「ハハア」

ここまで聞いただけで、世の母親族は柳眉を逆立て、ひどいじゃない！　それじゃ差別だわッと叫ぶであろう。その通り、人生とは差別だ。その事実を子供の体にたたき込むことを教育という。

吉ちゃんは続けた。

「問題は親なんですよ。子供を鍛えてくれ、といって連れてくる。よろしい、ということで海でしごくと、子供は泣きだす。泣きだして母親にいいつける。母親はびっくりして、可哀そうだといって子供を引揚げてしまう。無駄骨折りなんです。外で（と窓の外で体力のテストを受けている子供たちを指さし）、走らせたり、重いものを持たせたり、テストをしてますがね、あれは口実なんです。この部屋で両親、特に女親と話をしていると、子供を長く続けさせる親かどうかたいていわかります。子供の泣き言にすぐ同調して、練習を止めさせるような親の子はお引取り願う口実にね、ああやって体力テストをしているんですよ。ヨット乗りの子供さんなら、その点心配ありません。およこしになって下さい」

子供は親に感謝すべきである。本人は体力テストにパスしたと思っているが、親の七光りというのは、社会的地位やつけとどけのことだけではない。

実は、ヨットとは関係のない山の上で、もう一度、同じような経験をした。ヨットとは関係ないが、試験者の哲学が似ているから、人生とは面白い。何を思ったか、家内が娘を全寮制の学校へ入れたいといいだした。亭主《わたし》の旧制高等学校の寮生活の思い出話に感化されたに違いないのだが、家内は自主的判断に基づく教育方針だといって譲らない。

当時、東京近辺に全寮制の中学校は、大船の山手学院しかなかった。すなわち山の上である。横浜の書店の老舗《しにせ》、有隣堂のオーナーの故松信幹男氏が、信念を持って創立した学校で、飲ん兵衛の同氏は、寮で未成年の寮生と酒を酌み交わして問題になったりした。旧制高等学校の寮生活を知る老生らは腹を抱えたが、新聞と一部の父兄は——父兄というのは慣用句であって、正確には、父母は——しつっこく問題にしたため、この学校は有名になった。その後、寮生同士のしごきがまたまた新聞種となったので、たまに帰宅する娘に、

「お前じゃないのか？」

と質したところ、娘は、まあね、といってニヤリと笑ったが、可愛い娘なのに、その薄笑いの凄かったこと……。

さて、この学校でも父母の面接をするという。已むなく大船の山の上まで出かけて行くと、立派な応接室に通され、磊落な笑顔、人生に対する興味にキラキラと輝く眼、白髪小柄な松信校長が開口一番、

「田辺さんは旧制高等学校の寮生活の体験者ですね。お嬢さんはお預り致しましょう。ご心配な

く」

後は、校長も経験のある寮生活の回顧談に花が咲いた。入学試験成績の発表前に、こんなことを言っていいのかしら、とこちらの方が心配になった。

もちろん、学科試験の成績も勘案したのだろうが、娘は合格した。後で考えるに、校長の上記の選考基準は意味があった。少なくとも私のようなタイプの親——とその子——は、寮内飲酒やしごきが新聞種になった時も知らん顔をしていてまったく動揺しなかった。


繰り返すが、私が「吉ちゃん」「吉ちゃん」と気易く言うのは、小澤さんと私が、そう言い合えるような旧友同士だったからではない。冒頭に書いたとおり、私は小澤さんとは、ジュニア・ヨッティングスクールの父母面接の時が初対面である。私が「吉ちゃん」というのは、実は息子の感化である。息子とその仲間たちは、小澤さんのことを、羨しいような親愛と尊敬の情をこめて、「吉ちゃん」と呼んだ。といっても、吉ちゃんが、やさしかったからでは勿論ない。吉ちゃんのしごきは伝説である。風寒い早春の頃から、シースーツとライフジャケットを着せた子供たちをオプチミスト・ディンギーに乗せて海へ送り出す。可愛い……といってよいくらいの子供たちの操るOPの色とりどりの帆が、湘南港外に列を作って帆走する光景は、ほほえましい風物詩だったが、ディンギーだから当然沈《ちん》する。モーターボートの艄に仁王立ちになった吉ちゃんが、アップアップしてる子供のライフジャケットの襟にボートフックを引っかけて、海から引上げる。……

ここで女親が（近頃は男親も）、

「まあ、可哀想々々々！　お母さん（お父さん）が学校へ行ってメッといって来てあげますからね！」

では一人前の海の男（女）は育たぬから、父母面接は有意義だった。そうやってしごかれた子供たちが、もちろん、面と向かっては礼儀正しくやっていたのだろうが、陰に回ると、「吉ちゃん」「吉ちゃん」と、何かにつけて話題にするのを聞くのは、清々しく快い経験だった。吉ちゃんが亡くなられた時の私たち親子の会話も、

「吉ちゃん、亡くなられたんだってな」

「ウン、病気は知ってたんだが、誰にも会わないというんで……」

やっぱり、〝吉ちゃん〟だった。吉ちゃんは亡くなられたが、あの、丸い体、丸い顔、白髪、赭《しゃ》顔、半眼にかすかな笑みをたたえた風貌は、いつまでも日本の若いヨット乗りの心の中に生き続けるだろう。

第二十九話　くちなしの記

その日の《SOLTAS》の甲板はくちなしの花園だった。何故くちなしかといえば、くちなし会という女性の集団がある。これはまさに「集団」の名に値する実力集団であって、わが国超一流有名会社の社長秘書の集団である。くちなしの花のように楚楚として可憐に美しく、ボスを陰で助ける、というのが主旨だそうだが、そのほかに、秘書という職名の示す如く、〝秘書は何でも知っている〟。普通秘書とは、奥さんの知らぬことも全部承知していながら、カナリアを食べた猫のように何食わぬ顔をしている職業柄、〝口無し〟会と名付けた（笑い）。世の奥さん方はさぞかしご不満であろうが、秘書側には秘書側の言い分があるのであって、判りやすい例を挙げれば、ある会社の主力工場が夜中に火事になった場合、何処へ連絡するかというリストを、秘書は常に用意している。

（1）ボスの行きつけのバー（複数）
（2）行きつけの料亭（複数）
（3）三号宅
（4）二号宅
（5）一号宅（注・自宅を意味する――失礼にも〇号《ゼロ》と呼ばれることもある）

この順番に電話をかけるのであって、もし（5）を先にかけたらボスの公私の人生にどんな結果が生ずるかが判らぬような想像力の持ち主に秘書は勤まらない。繰り返すが、〝秘書は何でも知っている〟、上記の電話番号のうち、普通奥さんの知っているのは（5）だけである。

年に一回、くちなし会は洋上パーティを開く。不明な理由により、近年その会場として老生の旧愛艇《蒼竜》が選ばれ、《蒼竜》喪失後はその習慣が新艇《SOLTAS》（塩路一郎、田辺英蔵共同保有）に継承されて二年になる。一九八七年八月一日土曜日、台風七号は関東東方洋上に去ったが不連続線は本州南岸に停泊し、天候は予断を許さず、関係者は一喜一憂する。日本政財界のトップと電話一本で話をつけ、同じく政財界の中堅幹部に睨みをきかすのは、実は、彼女らのボスではなく彼女ら自身なのだから、関係者の心労はひととおりではなく、つれて、天気とは神様のおぼしめしと謙虚に割切りつけているヨット乗り側も、できれば夏らしい一日をと期待して曇天を仰いだ。

一一：〇〇。《SOLTAS》は泊地シーボニアを抜錨（比喩）、小網代湾口へ舶を向ける。たちまち、水平線上に白波蹴立てて接近する二隻の怪船……ならぬ快速艇を認める。

《SOLTAS》は直ちに左へ回頭、あらかじめ打合せた邂逅点《ランデブウ》に艏を向ける。艦隊が洋上で邂逅することをランデブーという。恋人達がこの言葉を流用して久しい。小網代の入江の岬の陰には、大小様々なヨット、パワーボートが錨を打ち、舷を接して舫い、その周辺に水浴者のしぶきが上る情景は、胸のときめく夏の訪れを告げていた。

普通、秘書は美人である。欧米先進国とは違い、明治一〇〇年戦後四〇年、未だにわが国においては秘書を養成する専門コースが定着せぬから、一般に秘書は社内の女子従業員の中から美人

Geee..
Geee..

を選んで秘書課に配置される。もちろん頭脳も性格も選抜基準となるが、美人を選んでいけない理由は無いから美人を選ぶ。ある重役が秘かに老生に洩らして言うのに、

「能力は後から開発出来るが、容姿は後からではどうにもならない……」

この会社の名も〝くちなし〟。

天は自ら助くるものを助く。お天気は神様のおぼしめし、と達観するヨット乗り達の日頃の精進は天に通じ、雲が切れ、空はコバルト色、八月の烈日が甲板に降りそそぎ、たまらず女性軍は水着に着替える。説明の省略の甚だしい点は海容給りたい。くちなし部隊は三浦半島西岸某所にある某有名会社の寮に集合、同社の用意した高速艇二隻に分乗して小網代に来航、《SOLTAS》と洋上邂逅《ランデブー》し、すでに投錨接舷を済ませている。すなわち、三隻の甲板はひとつづきの一大サロンと化した。彼女らが何故そんな遠出《とおで》をしてまで小網代にやって来たかといえば、帆走《ヨット》の魅力である。件《くだん》の超有名会社は、不幸にしてヨットを持たない。一方、モーターボートでキャッキャツと喜ぶのは女子供……いやいや、女の子……いやいや、子供と子供の女性であって、いやしくも才色を備えた成人《おとな》のキャリア・ウマンは――正しくも――ヨットに魅《ひ》かれる。

ここに至って老生は、改めてNORC（日本外洋帆走協会）の名簿の中に一部上場大会社の社長の名が一人も見当らぬ事実を神に感謝した。周知のとおり、一部上場大会社の清廉なる社長は、

個人的には金持でないからヨットは持てない。自宅送迎の高級車も、一回一人五万円のゴルフも、一夕一人一〇万円の料亭のかかりも会社が払うが、ヨットは社用では落とせない。税務署がウンというのはせいぜいモーターボートまでである。すなわち——極端に話を端折《はしょ》ると——彼女らのボスたちは『舵』を読まない。尊敬すべき老紳士の集りである彼女らのボスたちの眼に、もし本稿が触れたら、方々《かたがた》は白髪を（もしあれば《イフエニィ》）かきむしって口惜しがるであろう。何故ならば、常日頃、社長達《ボス》が見るのはあでやかなる秘書嬢《くちなし》たちの首から上、ヒジから先、ヒザから下（のみ）である。そうでなくてはならない。ボスが秘書に要求できるのはお茶と同情《ティアンドシンパシイ》までである。非常な例外例として、万やむを得ぬ業務上の理由により、ボス並びに彼《ボス》の業務上の交際相手とゴルフをしなければならぬ場合でも、彼女が見せるのはせいぜい肩から先の腕までである（ノースリーブのブラウス）。

それにひきかえ、今、烈日の下、《SOLTAS》他二隻の甲板に群れ集うくちなし諸嬢は、ほとんど何も着ていない。もちろん、何か着ておられるのだろうが、老生の老眼ではそれがよく見えない。例えば、一人の女性の背中を見るに、肩から腰までひとつづきにつながって、途中に横線が無い。聞くところによれば、背中がウエストラインまで見えるような正式のイブニング・ドレスを着る時、背に白く横線が入るのは失礼だから、ビキニの胸当ての紐を外して背中をまんべんなく焼くのが淑女の身だしなみとのことであるが、老生の年輩の人間の道徳律によれば、これを「ほとんどハダカ」という（「アーッ」。パターン。淑女はこのような言葉を耳にしたら、卒倒せねばならない）。もとより、彼女らの道徳律の規範は彼女らのボスであって老生の関知するところではないから、老生は請われるままに、件の女性の広々とした背中にサンタンローションと称する菜種油の類を丁寧に塗ってさしあげたところ、心優しくも、老生の肩に同じことをして下さったが、これまた、くちなし会であるから、その女性の会社の名は口が裂けてもいわない。

絶好の帆走日和だった。この際絶好……というのは、風があって波が無いという意味である。もとより《SOLTAS》並びに旧《蒼竜》のクルーたちは、山なすうねりを乗り越え、焼ける肌に冷たいスプレーをかぶる夏の帆走の醍醐味をこそ愛するが、それではくちなしの花がしおれてしまう。再び、天は自ら助くるものを助く、両オーナー全クルーの日頃の精進の成果か、風はしっかりと三メートル／秒、海面は平らな板の如く、再び薄雲に覆われはじめた空を映した暗緑色の波を白く裂いて、《SOLTAS》は沖へ沖へとひたすら走る。《蒼竜》に比してひとまわり広い《SOLTAS》のコックピットは、あるかなきかの水着姿のくちなしの花園、その中心にある舵輪を握る老生の姿を見たら、老社長《ボス》たちは老生を殺すだろう。

「これからどこへ行くのですか？」

「存じません。ただひたすらに走るんです、水平線の果てまで……」

「ステキ！」

すると塩路さんが船内に入って意地悪をする。

「……入れました！」

舵輪が老生の手の中でガタンと揺れる。

「何が入ったのですか？」

「何でもいいです」

「教えてくださいませんか？」

キャリア・ウマンは、好い加減な回答を好まない。

クルーがニヤニヤ笑って口をはさむ。

「自動操舵装置《オートパイロット》をセットしたのです」

「オートパイロット？」

「文字どおり、自動の舵取り《オートパイロット》です。今城ヶ島の端を目標に走っていますね。この方角へオートパイロットをセットすれば、後はキカイが舵をとります」

「では田辺さんは、何故舵を握っていらっしゃるんですか？」

「本人に尋ねられては」

止むなく老生は舵から手を離す。当然ながら、舵輪は自分勝手に微動を繰返し、老生の手を離れても艇は一直線に走り、くちなしが一斉に笑う。

風は徐々に力を増し、艇は、ぐっ、ぐっと船足を速め、塩路艇長の叱咤にしたがって、クルー達は常にも増してキビキビと甲板を走り、メインをつめ、ゼノアを絞り、タックを繰り返す帆走の醍醐味が、船上のすべての男女の体のしんに滲みとおる。言葉がと切れれば、聞こえるのはザワザワと騒ぐ波音、索に鳴る風音。小網代湾口を埋めていたあれだけのヨット、ボートの姿がいつの間にか濛気の中に消え、《ＳＯＬＴＡＳ》の行く手をさえぎるなにものもない。くちなしは意外に船に強い。このくらいの海況でも、三分の一くらい酔って寝てしまっても不思議ではないのに、全員船酔いなどは沖の鴎にやってしまったような顔つきで、

「すてきだワ！」

「この波の音が何ともいえないわねえ！」

（聞いたか、モーターボート！）

老人が語りはじめる。

「みなさんが明日会社へ出てまわりを見廻すと、景色やものの姿が、今までと違って見えると思いますよ」

「そうかしら？」

「そうかも知れないわね」

ガヤガヤガヤ。

「たとえば海外旅行から帰った後のように。全く別の世界をのぞいた後では、ものの姿が違って

見えるものです。今まで感じなかった新鮮さでものが見えてくる……」

シーン。

「われわれヨット乗りが困るのは、そういうものの見方が身についてしまって、家にいても会社にいても、海の上で沖をみつめているような眼で周辺《あたり》を眺めてしまうことです。何が大切で、何が重要で、何が美しく、何が本質的に意義があるか、価値観が周囲の人間とズレてしまう……」

「いけないいんでしょうか？」

「さあ……」

こういう気障な話をサラッと出来るようになるためには、還暦を過ぎてヒゲなど生やさねばならない。夕方、茜に染まる雲を背景に、二隻のパワーボートは、風に揺れる叢のように手を振る彼女らを乗せて、水平線の濛気の中へと去って行った。

第三十話　くちなし余滴

一体人間がものを書く動機は何か。

お金である。

芸術的衝動、創作意欲……ものを書かざる人は想像を逞しくするが、ほとんどの芸術作品は収入を得るために作られたといったのは私ではなくてサマセット・モームでありアンドレ・モーロアであり、ミケランジェロも、スポンサーからちゃんと結構なお金をもらっていた。次に、ものかきにものを書かせる直接の強制力は何か。

〆切りである。

私が初めて単行本（「はきなれたデッキシューズ」）を出した時、出版元の集英社の担当者横山征宏さんに、

「いったいものを書かれる人々の直接の動機付け《インセンティブ》は何でしょうか？」

と質問したら、横山さんは笑いながら、即座に、

「〆切りです」

と答えた。「きゃびん夜話」を二〇年も書き続けられたのは毎月〆切り日があったからである。

その証拠には、催促はあっても〆切りの無い「書き下し」の単行本は、その間に二冊しか書けなかった。

『舵』の〆切りは月末である。どういう訳か、〆切り近くに土・日が現れる。すると原稿を遅ら

せる言訳が心に浮かぶ。
その一：二日ばかり遅れるが、休み明けでもいいだろう。
その二：土・日には船に行くと、何か面白いネタが仕入れられるかも知れない。
困ったことに、「その二」は往々にして当たるから、ものかきはますます怠惰となる。

幸か不幸か、一九八七年七月の三一日《みそか》は金曜日だった。ここで〆切り（七月三一日）に原稿が渡せるような人物は、エーリアンであって生身ではない。別稿のとおり、私は土曜日すなわち八月一日、多数の美女に囲まれて遊び呆《ほう》け、翌日曜日は反省と自己嫌悪に苛まれつつ机に向かって「続・きゃびん夜話」を脱稿、発送を怠って二日ほど放置したところ、火曜日にクルーから電話がかかってきた。

「すぐにどこかへ行ってフラッシュを買って下さい！」

こういう言い方をするのは、いうまでもなく女性である。

「ちょっと、あそこにあるあれをとってよ！」

全部代名詞ですませ、女性同士それで通じてしまうのだから女性は以心伝心の天才である。一方、あまりに長く論理的教育を受け過ぎた男性には、何のことだか判らない。少なくも、今回、老生には判らなかった。老生はフラッシュ・ガンを持たぬからフラッシュ・バルブを買う必要はなく、フラッシュ撮影用のバカチョンカメラはストロボ内蔵である。

もちろん、若《ナウ》い読者諸弟妹は、前節の冒頭を読まれただけでわが艇の女性クルーの言葉の意味を正しく理解されたであろうが、年老いて世事に疎いヨット乗り諸兄姉のために解説すれば、フラッシュとは、最近とみに衰退を伝えられる写真週刊誌の一誌である。そういわれてみると、八月一日のくちなしクルージングの折、一隻のボートに二人の中年男性が乗り、一人はオールを漕ぎ、一人は望遠レンズを着装したカメラを構え、碧玉の水面に無数のヨットが白い影を映す白昼夢のような光景に眼もくれず、しきりにわれわれを撮影していた。塩路艇長《さん》は、正しくも、

「あれはフラッシュのカメラマンです。都合の悪い方は船内に入って下さい」

「こんな明るいのに、何故フラッシュが要るのですか？」

塩路さんは説明を諦め、女性軍は面白がって、

「近くへ来たら水をひっかけようかしら」

老生は慌てて、

「ほら、あそこにカモメ、カモメ、あそこにカメ、凄い《オーバ》カメ……ラマン！」

彼女らの注意を他にそらせるのに苦労した。

写真週刊誌は早い。新聞並みであって、とても『舵』（月刊）の及ぶところではない。八月一日に撮影されたこの日の写真が、八月一八日号に掲載され、私のクルーからの連絡となった。読者諸兄姉は、

「一七日も後ならちっとも早くないじゃないか」

と不満を洩らされようが、手許にある『舵』を仔細に調べられれば、雑誌とは八月号が七月に出るという不思議な刊行物であることを発見されるであろう。つれて、週刊誌もまた、八月一八日号が八月四日に出る。これをフラッシュ・バックという（笑）。その間僅《わず》かに二日、フォーカスを合わせる暇もない（爆笑）。油揚日《フライディ》、閻魔についてのうまい語呂合せを思いつかれた方は編集部まで連絡ありたい。え？　エンマはもう潰れたって？　ウッソー。

人間は有名にならなければいけない。そうでないと世の中から無視される。ヨットに乗る人間は無数におり、そのほとんどが異性を乗せているのに誰も見向きもしない。それが塩路さんだと、他人《ひと》の船の女性とたまたま一緒に撮っていてもニュースになる。そのすぐ隣に私が写っているのに名前も出ない。いったい、今回のクルージングの女性は――間接的とはいえ――私が集めたのであり、塩路さんは手伝っただけであり、塩路さんと一緒に写っている水着姿のグラマーは、旧蒼竜以来の私のクルーである。ついでに言わせてもらえば、彼女の着ているのはスターポイントの（極めて高価な）ビキニであってビキニをハイレグとはいわない。塩路さんの右に斜め後姿で立ちはだかる壮漢――オーストラリアⅡのTシャツ、パンナムクリッパーカップ・レースのキャップ、見事なヘミングウエイ髭《ひげ》――こそ、今や《ＳＯＬＴＡＳ《わたし》》の共同オーナーである老生自身である。塩路さんの倍の大きさに写っているその老生に一言も触れず、

「……油壷の沖合いで、ハイレグ水着のギャルたちと優雅な〝海上合コン〟を楽しむ塩路天皇……」

とは何事か。腹立ちまぎれに言わせてもらえば、ジャーナリズムとは、ずい分出まかせを書くものである。塩路さんには悪いが、一緒に写っているグラマーは私のクルーである。彼女には悪いが、ギャルではなくてキャリア・ウーメンである。ハイレグではなくビキニである。油壷ではなく小網代である。時に、合コンて何だい？

（注。これは揶揄《やゆ》したに過ぎない。合同コンパを知らぬ旧制高等学校卒業生はいない。）

解説

長年にわたり連載された人気エッセイといえば音楽家、團伊玖磨氏（1921〜2001）の「パイプのけむり」が一般的には知られている。『アサヒグラフ』（朝日新聞社）誌に連載された期間は1964年に始まって、2000年に同誌が休刊になるまで36年間にもおよんだ。

一般的には「パイプのけむり」が有名だが、ヨット界という（わが国においては）極めて狭い世界ではこの「きゃびん夜話」を知らぬ人はいないほどの人気エッセイである。

昭和7年に創刊された日本最古のヨット、ボートの専門誌『舵』の誌上に初めて田辺英蔵氏の名前が登場したのは1964年。奇しくも「パイプのけむり」の連載が開始された年と同じであった。その記事は氏がその後22年間乗艇する外洋ヨット《蒼竜》（渡辺修治設計、加藤ボート建造、33・6フィート、1963年建造）の艇紹介記事であった。

田辺氏の言葉を拝借すると「初め画家を志し、次いで写真という「悪魔の発見」に魅せられて絵筆を捨て、海中撮影を志してスキューバを習い、そのための日本初の潜水用母船として《蒼竜》を建造した」。個人がヨットの設計家にオーダーして建造するスタイルは欧米ではよくあることだが、田辺氏は、当時ヨット設計家として日本を代表する渡辺修治氏にダイビングを目的とするセーリングクルーザーの設計を依頼した。

個人オーナーが、帆走《セーリング》という楽しみと、もう一つの海の楽しみであるダイビングという二つの目的でヨットの設計を依頼して実践したのはわが国のヨット造船史上、最初で最後である。

当時の『舵』誌面を開いてみると、《蒼竜》がいかに最先端のヨットであったかがうかがえる。ビーム（船幅）のはったどっしりとした船型ながら、シアーラインがすっきりしており白い船体をモダンに演出している。船尾のトランサム部は後方に開閉してダイビング時のエントリーステップとなっていた。

船内には6名が寝ることのできる寝台《バース》、台所《ギャレー》、当時としては画期的なシャワー付きのトイレが配され、メインキャビンは白いペンキで仕上げられていた。艇の解説文が面白い。――キャビンは一杯飲み屋の老舗のようなクルーザーが多い中で、このフネは銀座のアマンドのティールームにいるような感じです――

また、トイレ内にはゲストのために田辺さんの直筆になる似顔絵マーク入り「お手洗いの上手な使い方」が分かりやすく書いて貼ってあり、その最後には「では気持好くなさってください。《蒼竜》トイレット艦長」と書いてある。

この記事が載った年の舵誌9月号に「日本にやってきた《ツーハン》その印象」という田辺氏の文章が初掲載される。その後不定期で1頁のエッセイが登場し、正式に「きゃびん夜話」として連載が始まったのは1975年1月、それ以降1996年12月の最終回まで21年間続いた。舵誌に田辺さんの文章が初めて掲載された年から数えると32年間という長きにわたる。

「キャビン夜話」は、《蒼竜》が係留されている神奈川県三浦半島小網代にあるシーボニアマリーナを舞台に、マリーナ内での様々な人間模様、海外からやってくるゲストとの交流、航海先となる伊豆半島、伊豆諸島の美しさ、そして大自然とのふれあい、凪あり嵐あり、陸の人間との確執、ヨットに対する行政の冷たい対応などを名調子で描いていく。

ヨット乗りたちは日頃から陸の社会において、まるで日陰者のような扱いを受けているゆえに、田辺さんがその事実を挙げて、陸の思考しか持たない者たちの味気なさを痛烈に糾弾してくれる。そうだ、そうだ、もっと言ってくれ、と、その論調に共感する。毎号毎号、読むうちに次号が手に届くのが楽しみになってくる。

また、海の男たちのキャビンでの酒飲み話に必ず登場する女性論などは、時に色っぽく、ニヤリとさせられて文章を読む快感のようなものを感じさせてくれる。

数ある田辺理論のなかで私の好きなもののひとつ——フネは女性名詞であるゆえに美しくなければならない。つまり美しく保つにはお金がかかるのであるが、人間の女性と違って文句を言わない——また、ヨットは船尾から見たところが女性のお尻のようで美しい——というような品のある艶話も実にうまい。

田辺氏は舵誌のみならず数多くの雑誌でエッセイも書いている。中でも「暮らしの手帖」に執筆されていたのは舵誌に書き始める前だった。同誌の名編集長であり名文家でもある花森安治氏に相当厳しく鍛えられたに違いない。読書家でもある田辺氏は、読みやすさやレトリックの巧みさだけでは人は読んでくれないことをよく分かっている。そこに花森安治氏の広告や行政に迎合しない真理を伝える技が加わり、田辺流の文章作法が生まれたのである。

きわめてニッチなヨットという趣味の世界ではあるが、田辺英蔵氏が21年間書き続けた「きゃびん夜話」は日本の海の文化史に残る作品であり、海の文学賞というものがあるとしたらエッセイ部門において間違いなく大賞を授かるべき作品である。

田久保 雅己

初出誌一覧（掲載誌はすべて「舵」）

第一話　海人間《シーマン》の条件（一九七六年四月号）

第二話　海の抒情（一九七六年一月号）

第三話　ヨット乗りの日曜日――ヨットよ！　お前はすばらしい――（一九七九年一月号）

第四話　海の墓標（一九七九年三月号）

第五話　辛口のマルティーニ（一九七九年八月号）

第六話　初春海野郎骨牌《にゅういやーしいまんずまきしむ》――別名《またのな》ヨット版『悪魔の辞典』――（一九七九年二月号）

第七話　ヨットに再度《また》招かれる法（一九七四年一〇月号）

第八話　転ばぬ先の杖、沈まぬ先の浮袋《ブイ》（一九七四年九月号）

第九話　ヨット――この危険なスポーツ――これから始めようとする方々のために――（一九七四年十一月号）

第十話　静かなるものは、遠くまで行く――ある出版記念会の詩と真実――（一九八〇年八月号）

第十一話　一切の抗議を認めず（一九八〇年九月号）

第十二話　肩を振る（一九八〇年一月号）

第 十三話　完璧な晩餐（一九七四年十二月号）
第 十四話　冬の夜のキャビン（一九八〇年四月号）
第 十五話　何故労組の幹部はヨットを持ってはいけないか（一九八一年一〇月号）
第 十六話　秋の嵐（一九八一年三月号）
第 十七話　さらば夏の日（一九八二年三月号）
第 十八話　東は東、西は西――KYC（関西ヨットクラブ）訪問記――（一九八二年七月号）
第 十九話　ヨット乗りは何故年齢《とし》をとらないか（一九八三年五月号）
第二十 話　晝の夢（一九八三年二月号）
第二十一話　エンジン故障！（一九八四年二月号）
第二十二話　長く暑かった夏《ロングホットサマー》（一九八四年三月号）
第二十三話　日本木造艇倶楽部発会宣言。（一九八五年四月号）
第二十四話　大阪市港湾局（一九八五年六月号）
第二十五話　ジャロ・ネロ・ビアンコ物語――ソフィスティケイテッド・ポルノ《きょうようじんのための》――（一九八六年一〇月号）
第二十六話　私の太陽《オーソレミオ》――サルジニア・カップ余滴――（一九八六年二月号）
第二十七話　″d″（一九八七年四月号）
第二十八話　吉ちゃん（一九八七年八月号）
第二十九話　くちなしの記（一九八七年一〇月号）
第三十 話　くちなし余滴（一九八七年一〇月号）

著者紹介

ヨット・モーターボートの専門誌ＫＡＺＩ（舵）で連載した
海にまつわるエッセイ「きゃびん夜話」は21年間もの長期にわたり掲載され、人気を博した。

１９６３年、日本初のダイビング用ヨット「蒼竜」を建造。

１９９０年には地中海マジョルカ島で44フィートのケッチ型ヨット《アイシス》を購入、地中海クルージングを楽しんだ。

同艇を手ばなした後に、長年住み慣れた東京を離れ、倉敷に居を構え、文筆業にはげんでいる。

元後楽園スタジアム副社長・熱海後楽園社長、元文京大学国際学部教授。

著書に「きゃびん夜話」（1）〜（5）（舵社）、「はきなれたデッキシューズ」（集英社）、

「日本人は海が嫌い」（光文社文庫）、「サービスで一流になる」（ダイヤモンド社）、

「統率のパラドックス」（ダイヤモンド社）などがある。

１９２７年（昭和２年）東京生まれ、東北大卒。

きゃびん夜話 30選

平成23年7月31日 第一刷発行

著 者 田辺英蔵
選 者 田久保雅己
発行者 大田川茂樹

発行所 株式会社 舵社

〒105-0013
東京都港区浜松町1-2-17
ストークベル浜松町
電話(03)3434-5181

印 刷 株式会社 大丸グラフィックス

落丁・乱丁本はお取り換えいたします。
○定価はカバーに表示してあります

ISBN978-4-8072-1129-6